Schmäh

EDWIN BAUMGARTNER

Schmäh

Die Wiener Antwort auf die Dummheit der Welt

 claudius

DIE LEKTORIN MEINES VERTRAUENS GIBT ES WIRKLICH.
SIE IST FÜR MICH MEHR ALS NUR DIE LEKTORIN
MEINES VERTRAUENS.
IHR IST DIESES BUCH GEWIDMET.
SCHMÄHOHNE.

3. Auflage 2022
Copyright © Claudius Verlag, München 2018
www.claudius.de

Zum Schutz der Umwelt verzichten wir bei diesem Buch auf das
Einschweißen mit Folie.

Alle Rechte vorbehalten. Das Werk darf – auch teilweise –
nur mit Genehmigung des Verlages wiedergegeben werden.
Umschlaggestaltung: Weiss Werkstatt, München
Foto Cover: © shutterstock/Olga_Angelloz
Layout: Mario Moths, Marl
Gesetzt aus der Sabon
Druck: cpi – Clausen & Bosse, Leck

ISBN 978-3-532-62812-6

INHALT

Wie die Jungfrau zum Kind und ich auf den Schmäh kam

Das muss ich Ihnen jetzt erzählen:

Was der Schmäh ist, wirklich ist, also, was der Schmäh wirklich ist, das weiß keiner genau. Ich hoffe, Sie erwarten jetzt keine tiefschürfende Abhandlung, keine „Philosophie des Schmähs", keine „Geschichte des Schmähs unter Berücksichtigung der Schmähführung in den ersten 17 Monaten der Regentschaft von Kaiser Franz Joseph", keine Untersuchung „Der Schmäh als vor-postmoderne Dekonstruktion ernsthafter Erzähltechniken". Es gibt keine Definition für Schmäh, zumindest keine zutreffende, keine, die sozusagen schmähumfassend wäre, die alles beinhaltet, was der Wiener unter Schmäh versteht.

Der grantelnde Wiener, der die Todessehnsucht in den Genen hat, für den die „scheene Leich" zum Leben dazugehört, und der bei seinem Stamm-Würstelstand eine „Eitrige" mit einem „Geschissenen" bestellt, braucht den Schmäh, um in einer schmählosen Welt zu überleben.

Denn der Schmäh beseitigt seine Probleme. Der Schmäh nimmt nie den geraden Weg, sondern den, der das Leben ein bisserl besser macht. Wäre der Schmäh ein Bergsteiger, würde er nicht auf geradem Weg zum Gipfel keuchen, sondern den bequemsten Pfad suchen, und braucht er ein bisserl länger, dann ist das halt so. Der Schmäh hat Zeit, und wenn er sie nicht hat, dann nimmt er sie sich, wo er sie findet.

Wenn der Wiener eine seiner sowieso ungeliebten Entscheidungen treffen soll, bedient er sich des Schmähs, um in der Sicherheit des Ungefähren zu verharren. Der Schmäh erleichtert das Leben, weil er es nicht in Geschichten verpackt, sondern in G'schichterln und treffende Aussprüche, die der Franzose als Bonmots bezeichnen würde. Nur, dass der Schmäh kein Bonmot ist, sondern ein Schmäh.

Darum kann ich Ihnen bei bestem Willen nicht in einem Satz sagen, was der Schmäh ist. Allenfalls erzählen kann ich es Ihnen. Dazu gehört, wie ich selbst zum Schmäh gekommen bin. Wie die Jungfrau zum Kind nämlich, so war das.

Kennen Sie dieses Sprichwort überhaupt, zu etwas kommen „wie die Jungfrau zum Kind"? Die Jungfrau Maria, die mit mancherlei Stoßseufzern und Redewendungen in so vielen katholischen Mündern geführt wird, kam, ganz ohne eigenes Zutun im Umgang mit ihrem Verlobten Josef, durch den Heiligen Geist zum Kind. Wenn nun jemand meint, er sei zu etwas gekommen wie die Jungfrau zum Kind, dann heißt das, es habe sich so ergeben, durch höhere Fügung oder wie auch immer. Der Beglückte (oder fallweise auch Beunglückte) hat sich nicht darum gerissen.

So, genau so, kam ich zum Schmäh. Jetzt. Aber es war mir schon zuvor einmal passiert – das erzähle ich Ihnen am Schluss des Kapitels. Man fängt schließlich nicht mit den Niederungen der eigenen Vergangenheit an, sondern mit den Höhepunkten der Gegenwart. Wie war das vor ein paar Wochen doch gleich gewesen? Da erinnere ich mich gerne zurück: Der Verleger selbst meinte, nur ich, ich ganz allein von – sagte er fünfhundert oder fünftausend Autoren (immer diese Gedächtnislücken)? – käme für die Aufgabe in Frage. Also fuhr er von München nach Wien im verlagseigenen Rolls Royce, selbstverständlich mit dem Ersten Chauffeur des Verlags, seit 23 Jahren unfallfrei. Er holte mich von meiner Grinzinger Villa ab …

„Moment", wirft die Lektorin meines Vertrauens ein, die mein guter Geist ist und mir immer dann über die Schulter schaut, wenn ich es gerade nicht merke. „Nein, warte", sage ich und tippe weiter.

… holte mich von meiner Grinzinger Villa ab, fuhr mit dem vom Ersten Chauffeur des Verlags gelenkten Rolls Royce und ihm, dem Verleger, und mir im Fond über die Ringstraße, holte aus der Minibar eine Flasche Dom Perignon Vintage 2002 heraus, schenkte in die Waterford-Champagnerflöten ein und begann, seine Überredungskünste an mir zu erproben. Nur zu gut wusste er, dass Schmäh und meine äußerste Seriosität nicht zusammenpassen. (Weshalb mir die Lektorin meines Vertrauens auf die Schulter klopft und laut atmet, weiß nur sie selbst.) Aber ich ließ mich auf das Verkaufsgespräch ein, und nachdem er mir schließlich angeboten hatte, ich könne das Buch in der verlagseigenen Villa auf den Bahamas schreiben (Personal inklusive, Kosten übernimmt der Verlag), willigte ich, trotz gewisser Bedenken, ein.

In der nächstgelegenen Buchhandlung erstand ich Konrad Klönschnacks „Leitfaden zur Erlernung der humorvollen Erzählweise" (Verlag am Misthaufen, Hühnergeschrei 2007), begann mit dem Selbststudium und strich gleich den zentralen Satz rot an, der lautet: „Bei einem Witz sparen

Sie die Pointe bis zum Schluss auf. Erzählen Sie die Pointe am Beginn, könnten Sie nämlich unter Umständen Ihrer kleinen Geschichte die amüsante Note vorzeitig nehmen." Aber auf keiner der 376 Seiten findet sich etwas über das Schmähführen.

„Fängst du schon im Vorwort mit dem Schmäh an?", fragt die Lektorin meines Vertrauens, die mir immer noch über die Schulter schaut und gleichzeitig auf sie, die Schulter nämlich, draufklopft. „Wieso", frage ich. „Das glaubt dir doch keiner", sagt sie. „Es war einfach ein Anruf, und die Sache mit dem ‚Leitfaden zur Erlernung der humorvollen Erzählweise' …", sagt sie weiter.

„Jo, eh", sage ich. „Aber den Ort namens ‚Hühnergeschrei' gibt's wirklich im oberösterreichischen Mühlviertel, Postleitzahl 4121, und ich sehe gar nicht ein", sage ich, „weshalb dort nicht ein ‚Verlag am Misthaufen' einen ‚Leitfaden zur Erlernung der humorvollen Erzählweise' herausbringen soll", sage ich. „Jo, eh", sagt die Lektorin meines Vertrauens.

„Jo, eh" muss ich den ausländischen Lesern erklären. „Jo, eh" ist der rechte Schmäh als Einstieg in den Schmäh. Und unter ausländischen Lesern verstehe ich all jene Beklagenswerten, denen das Unglück zugestoßen ist, außerhalb der Stadtgrenzen Wiens geboren worden zu sein. Ein Niederösterreicher zum Beispiel ist, wienerisch gesehen, ein Ausländer. Ein Salzburger noch mehr. Von einem Vorarlberger fang' ich jetzt gar nicht erst zu reden an. Die Ausländischkeit wächst mit der Entfernung vom Nabel der Welt, nämlich von Wien. „Jo, eh" also heißt soviel wie: „Ich gebe zu, dass du recht hast, und die Sinnhaftigkeit deiner

Aussage leuchtet mir auch durchaus ein, aber ich denke, ich werde sie dennoch ignorieren." „Jo, eh" – zwei Wörter; hochdeutsche Formulierung – fünfundzwanzig Wörter. Der Ausländer (eben der außerhalb der Stadtgrenzen Wiens Geborene) versteht „jo, eh" nicht, während der Wiener bei der hochdeutschen Formulierung allenfalls mit einem halben Ohr zuhört und sich fragt, wozu der ganze Wortschwall dient, wenn man einfach „jo, eh" sagen könnte.

Aber da bin ich jetzt beim eigentlichen Sinn dieses Kapitels. Ja, es hat wirklich einen, einen Sinn nämlich. Aber wenn ich ihn in der ersten Zeile darlegte und so weiterverführe im ganzen Buch, brauchte ich keinen einjährigen Arbeitsaufenthalt in der verlagseigenen Villa auf den Bahamas (jo, eh, oh Lektorin meines Vertrauens), da würde mir ein Wochenende in meiner Wiener Wohnung genügen. Und der Schmäh wäre auf sein Skelett abgemagert und somit kein Schmäh mehr.

Viele Orte, an denen der Schmäh gediehen ist, gibt es gar nicht mehr: Das Milchgeschäft, das nur Milch und einfache Milchprodukte und vielleicht noch Semmeln verkaufte, die Greißlerei, wo meine Mutter Wurst, Gemüse und Obst holte, der Fleischhauer und das Fischgeschäft zwei Häuser weiter – und natürlich das Modegeschäft von der Frau Schuller. Ja, die hat es wirklich gegeben, die Frau Schuller, und sie war eine begnadete Schmähführerin. Je länger ich an diesem Buch geschrieben habe (diesen Satz können Sie als Hinweis lesen, dass dieses Kapitel, zumindest in größeren Teilen, am Schluss entstanden ist – wie das oft vorkommt bei ersten Kapiteln), desto mehr ist mir aufgefallen, wie sehr es auch eine Reise in meine eigene Kindheit und Jugend ist, als der Schmäh noch wirklich rannte, weil die Menschen einander immer wieder begegneten im Grätzl[1] und einander immer etwas zu erzählen hatten, die kleinen Dinge, die ganz groß sein können. Da kommt es nur auf den Blickwinkel an. Gelebtes Facebook war das, nur mit weniger Verbissenheit und Selbstbeschau.

Zurück zum Sinn dieses Kapitels, das so quasi ein Vorwort ist, das ich aber nicht Vorwort nenne, weil ich zu den Lesern gehöre, die Vorworte erst zum Schluss lesen. Bestenfalls. Doch dieser um Verzeihung heischende Hinweis ist lesenswichtig: Ohne Wiener Dialekt geht's nicht, zumindest nicht immer. Leider. Ich hab's versucht mit konsequentem Hochdeutsch, aber ich bin gescheitert. „Owa des woa nix", wie man auf Wienerisch sagt. Wieso nicht, werde ich versuchen, an einem Beispiel zu erklären.

H. C. Artmann wird uns in diesem Buch noch öfter begegnen. Artmann war einer der größten Dichter, die Österreich in der Nachkriegszeit hatte. Außerdem war er ein begnadeter Schmähbruder, also einer, der seine Freunde und Leser am Schmäh halten konnte. (Was ein Schmähbruder ist und wie man am Schmäh gehalten wird und so weiter – nicht so ungeduldig, wir haben dazu ja ein ganzes Buch vor uns!) Jener Artmann schrieb 1958 seinen Gedichtband „med ana schwoazzn dintn", in dem er die Dialektdichtung revolutionierte, auch im Schriftbild.

Schauen Sie, jetzt muss ich wieder was dazwischenschieben. Aber so ist das beim Schmäh. Was ganz geradlinig verläuft, ist kein Schmäh. Beim Schmähführen ergibt ein Wort das andere, und es kann da schon passieren, dass man bei einer G'schicht über einen vegetarischen Würstelstand anfängt und bei einer scheenen Leich' am Zentralfriedhof endet, ohne dass, wider Erwarten, das eine mit dem anderen ursächlich was zu tun hätte.

So komm' ich jetzt von H. C. Artmann auf den Dichter Ernst Kein, und das hat sogar etwas miteinander zu tun. Wenn Martin Luther seinerzeit dem Volk aufs Maul geschaut hat, so hat das Kein bei den Wienern gemacht. Und was dort herausgekommen ist, hat Kein aufgeschrieben. Oder er hat es so gedichtet, als wäre es dort herausgekommen. Für die Übertragung des gesprochenen Wienerischen in die Schrift hat Kein auf alle phonetischen Zusatzzeichen verzichtet. Das schaut ein bisserl komisch aus beim ersten Lesen, so, als wär's gar nicht Deutsch, sondern irgendeine Fremdsprache, die keiner verstehen kann. Aber ich geb' Ihnen einen Tipp: Lesen Sie's laut, Sie werden den richtigen Klang schnell ins Ohr kriegen. Kleine Übung mit Kein gefällig? Also:

> Da moozat
> da schubeat franzl
> da schdraus da heidn
> und da derische
> bedhoofn
> sengs
> des woan
> ollas weana
> so wia i

Wie ist es Ihnen beim Entziffern ergangen? – Keine Sorge, das wird schon. *Ich verrate Ihnen einen Trick: Lesen Sie laut, was in diesem Buch an Mundart vorkommt. Dann ist alles klar. Obendrein werden Sie süchtig werden nach dem Klang – und nach dieser Schreibung obendrein.* Abgesehen davon: Den Schmäh vom Ernst Kein haben Sie bemerkt? Ich meine, Ludwig van Beethoven, gebürtig im Dezember 1770 zu Bonn, als Wiener auszugeben? Und Wolfgang Amadeus Mozart ist doch eigentlich Salzburger. Oder täuscht mich meine Erinnerung? Und Joseph Haydn – ich sage nur: Rohrau, Niederösterreich. Ein Wiener ist, wen der Wiener – mit Schmäh, wohlgemerkt – zum Wiener erklärt.

Zurück zu Artmann. Was Kein erfunden hat in der Dialektschreibung, hat Artmann in der „schwoazzn dintn" perfektioniert. Manchmal freilich geben die Buchstaben eher Artmanns eigene Sprechweise wieder, wenn er bei Lesungen die Gedichte zwischen seinen Zähnen zerquetschte. Aber er nähert sich dem gesprochenen Wienerisch wirklich gut an. Deshalb übernehme ich seine Schreibweise (oder die vom Ernst Kein). Ich versuche nur, allzu bewusst originelle Schreibungen auszugleichen und dadurch leichter lesbar zu gestalten.

Über Artmann und seine Schmähs werden wir, wie gesagt, später mehr erfahren. Jetzt aber zu einem Beispiel, das zeigen soll, warum ich in einem Buch über den Schmäh auf den Dialekt nicht verzichten kann. Zwei Verse aus einem Gedicht Artmanns sind zum Beweis völlig genug:

> waun i amoe a bangl reis
> zu deitsch: de bodschn schdrek

Wie, um alles in der Welt, soll ich Ihnen das übersetzen? „A bangl reis" heißt „eine kleine Bank reißen", die Bedeutung ist „sterben". „de bodschen schdrek" heißt „die Pantoffel ausstrecke", wobei „bodschn" (Pantoffel) aber als Synonym für „Beine" steht, womit die Übersetzung richtig lautet: „Die Beine ausstrecke". Die Bedeutung ist dieselbe: „sterben". Wien und der Tod – diese Liebesbeziehung hat manch einen Ausdruck und manch einen Schmäh hervorgebracht. Auch dazu komme ich noch. Nua net hudln[2].

Wir aber haben jetzt das Rüstzeug für die hochdeutsche Übersetzung dieses Artmann-Gedichts. Alsdann:

> „Wenn ich einmal sterbe / auf Deutsch: sterbe …" Das kann man gleich aufgeben. Versuch Nummer zwei: „Wenn ich einmal ein Bänklein reiße / zu Deutsch: Die Pantoffel ausstrecke …" Unverständlich dünkt mich dies. Heraus mit den Synonymen. „Sterben" darf man nicht verwenden, denn dieses Wort könnte Artmann benützen, wenn er's denn benützen wollte. Er könnte schreiben: „waun i amoe stiab". Aber er will umschreiben, und so muss man's auch übersetzen, wenn man's übersetzen muss. Dritter Versuch: „Wenn ich einmal von hinnen gehe / auf Deutsch: verscheide …" Naa, des wiad aa nix (zu Hochdeutsch: Nein, das klappt auch nicht). Zu geschwollen für die Wiedergabe von Artmanns Diktion. Es muss beim Dialekt bleiben. Nur dann ist dieser Schmäh ein Schmäh.

Dass sich Dialekt nicht so einfach ins Hochdeutsche übertragen lässt, hat nicht mit dem Wienerischen allein zu tun. Es ist ein Charakteristikum des Dialekts. Wenn ein Bayer sagt: „Wea ko, dea ko", dann mag man das zwar eins zu eins verhochdeutschen zu „wer kann, der kann", aber die Aufmüpfigkeit bleibt unübersetzbar, denn gemeint ist ja:

„Eigentlich ist mir mein Tun nicht gestattet, ich nehme mir dennoch die Freiheit, es gleichsam justament zu tun."

Der Schmäh funktioniert manchmal schon auch auf Hochdeutsch, aber oft muss es eben Wienerisch sein. Ich werde in diesen Fällen eine hochdeutsche Lese- und Verständnishilfe beistellen. Versprochen. Nur die Übersetzung der Bedeutung, die kann ich nicht in allen Fällen garantieren.

Übrigens muss ich gleich eine Warnung aussprechen: Hüter der politisch korrekten Ausdrucksweise verzweifeln am Schmäh. Dem Schmäh ist es, Wienerisch gesprochen, wuascht, ob man und wie man etwas sagen darf. Zum Beispiel ist der Ausdruck „Neger" für einen Schwarzafrikaner mittlerweile verpönt. Man soll „Schwarzer" sagen.

Für das Schmähführen hat das freilich den Nachteil, dass die Verständigung mitunter massiv erschwert ist, was wiederum den beabsichtigten Schmäh erweitert, wie in diesem Fall, dessen Zeuge ich im Oktober 2014 im Café Frauenhuber wurde. Zwei Herren unterhalten sich über das Weltgeschehen. Der eine hat seine Ausdrucksweise politisch korrekt aufgerüstet, zumindest einen Moment lang. Er sagt: „Hosd g'head? – Bei de Schwoazn is a Seich ausbrochn." Der andere: „Naa, des is ma neu. Wos sogt'n da Kuaz dazua?" Nun muss man wissen, dass Sebastian Kurz ein populärer Politiker der Österreichischen Volkspartei, der ÖVP, ist, der konservativen bürgerlichen Partei, die damals Schwarz als Fraktionsfarbe hatte[3], womit sie bei den Wienern nur „de Schwoazn" hießen. Der erste der beiden Männer hatte indessen den Ausbruch der Ebola-Epidemie in Westafrika gemeint. Das Missverständnis lieferte dem

Schmäh und damit dem Dialog Nahrung. Der erste: „Wiaso da Kuaz? Dea hod jo nix mit de Schwoazn z' tuan." Der zweite: „Ah geh! Dea is do a Schwoaza!" Der erste, endlich verstehend: „Na, net bei unsere Schwoazn, bei de Bloßfiaßign." Der zweite: „Ah so, bei de Nega. Jo, daun …"

Das Schmähführen auf dem Rücken der Schwarzafrikaner hat übrigens den FPÖ-Politiker Andreas Mölzer seinen Sitz im EU-Parlament gekostet. Mölzer, der dem deutschnationalen Flügel der Partei zugerechnet wird, hielt am 18. Februar 2014 eine Philippika gegen die EU, in deren Verlauf er diese unter anderem als „Negerkonglomerat" bezeichnete. Die Wogen gingen hoch, Mölzer versuchte, sich herausreden, es half alles nichts; schließlich verzichtete er auf seine Kandidatur. Mölzer war ein absichtlicher Verstoß gegen eine politisch korrekte Ausdrucksweise durchaus zuzutrauen. Aber wieso sollte er einen europäischen Staatenbund als Konglomerat von Schwarzafrikanern bezeichnen? Die Beleidigung hatte weder Hand noch Fuß.

Das Geheimnis liegt in der Unterbedeutung des Wortes „Neger". Der Wiener Dialekt (hoffentlich nur) früherer Tage nennt Schwarzafrikaner auch „Bloßfüßige" und „Nackte". Mag ja für einzelne Stämme stimmen, wer will sich, in der Vorstellung von Bewohnern gemäßigter Zonen, bei 40 und mehr Grad im Schatten nicht am liebsten die Kleider vom Leib reißen? Keine Schuhe bzw. kein Gewand zu besitzen ist andererseits ein Zeichen für Armut. „Neger sein" hat somit, über ein paar Ecken, wie es beim Schmäh so ist, die Bedeutung angenommen, kein Geld zu haben. Mölzer meinte also nicht, die EU sei ein Konglomerat von Schwarzafrikanern, sondern sie sei ein Konglomerat von

Staaten, die „neger" sind, also pleite. Vor lauter Schmäh-führen hat sich der Politiker um seinen Posten geredet.

Und wie ich jetzt auf den Schmäh kam? Ich meine, wie ich zum ersten Mal als Schmähtandler eingestuft wurde? Ich hab' Ihnen ja versprochen, ich erzähl's, und zwar ganz ohne Schmäh, also schmähohne, wie das auf Wienerisch heißt. Im konkreten Fall, also in dem, der Ihre Augen gerade von Buchstaben zu Buchstaben führt, wirklich durch einen Anruf des Verlags. Aber es gibt da noch das andere G'schichterl, von dem die Rede war. Ich erzähl's ja ungern, aber vielleicht hab' ich wirklich was halb Unseriöses an mir. Sie erzählen das aber bitte nicht weiter, auch nicht schmäh-halber, einverstanden?

Es war zu Beginn meiner Tätigkeit als Musikkritiker der „Wiener Zeitung". Dieses Blatt schreibt sich auf die Fahnen, die älteste noch erscheinende Zeitung zu sein. Sie existiert seit 1703, und eine Unterbrechung im Erscheinen gab es nur im Nationalsozialismus, als sie von 1. März 1940 bis 7. April 1945 durch den „Völkischen Beobachter – Wiener Ausgabe" ersetzt wurde. Die „Wiener Zeitung" ist eine sogenannte Qualitätszeitung, unbedingt seriös, alle Artikel recherchiert und überprüft, genaue Linienziehung zwischen Bericht und Meinung. Mittlerweile ist sie auch wirklich gut geschrieben. Als ich aber vor nun schon etlichen Jahren im damaligen Kulturressort anfing, verstand man unter gut geschrieben: je trockner, desto besser. Das galt, bis zu einem gewissen Grad, auch für die Theater-, Opern- und Konzertkritiken. Die Trockenheit jener lange zurückliegenden Jahre hatte damit zu tun, dass die „Wiener Zeitung" noch keine GmbH war. Sie war rein staatlich, das

„Amt der Wiener Zeitung". Die Angestellten waren keine Redakteure, sondern Beamte. Zum Lachen stieg man hinab in den Keller, in dem Druckerei-Gefahrengüter lagerten wie Papier und Chemikalien.

Meinem ersten Chef, Norbert Tschulik, bin ich sehr dankbar, nicht nur, weil er mich unerfahrenen Jungspund überhaupt schreiben ließ, sondern, weil er nicht vom Versuch abließ, mir beibringen zu wollen, ein guter Kritiker zu sein, obwohl wir über den Einsatz von Humor unvereinbar unterschiedliche Meinungen vertraten. Tschulik war dagegen, ich war dafür. Dementsprechend war ich über die Versuche eines Pianisten mit beklagenswerter Tastentrefferquote ein Wortspiel losgeworden. Als ich Tschulik meine Kritik vorlegte, zog er, wie es seine Art war, wenn er etwas einzuwenden hatte, den Kopf zur linken Schulter und knurrte: „Net wern s witzig."

Jener Norbert Tschulik schickte mich eines Tages zu einem Symposion über Denkmalschutz. Zumindest die Wörter kannte ich – nämlich sowohl Symposion als auch Denkmalschutz. Viel tiefer war ich zuvor in die Thematik nicht eingedrungen. In Vor-Google-Zeiten war das über einen Tag kaum möglich. Ich war zum Denkmalschutz gekommen wie zum Schmäh, also wie die Jungfrau zum Kind. Noch dazu sollte der Artikel der Seitenaufmacher werden. Ich wehrte mich, fürchtete, mich mit der fremden Materie zu blamieren und mir gleich am Anfang meiner vielversprechenden Karriere deren sofortiges Ende herbeizuschreiben. Es war sinnlos. Tschulik ließ nicht locker: „Sie werden da schon was G'schmackiges schreiben." Auf dem Gipfel meiner Verzweiflung entfuhr es mir: „Wieso ausgerechnet ich?"

Tschulik musterte mich mit einem verständnislosen Blick und sagte: „Weil Sie in meiner Abteilung der beste Schmähtandler sind."

Und ich hatte mich bisher für einen völlig seriösen Kulturjournalisten gehalten. Schlimmer: Ich hatte geglaubt, auch die anderen würden mich dafür halten. Dabei war ich – ein Schmähtandler. Irgendwie muss da was dran sein an der Jungfrau, dem Kind, dem Schmäh und mir.

Schmähohne.

INTERMEZZO: AUF DEM GANG IM STIEGENHAUS

Auf dem Gang im Stiegenhaus an der der Stelle, wo früher die Bassena⁴ war.

- Ham s scho ghört von Hean Watzek?
- Wos denn?
- No, von eam und da Schwesta Eani.
- Naa. Sogn s jo net …
- Doch.
- Na sowas. Deaf s denn des iwahaupt?
- Sowieso. Sie is ja ka Schwesta net.
- Ah, net?
- Doo, owa hoed ka Schwesta net, oiso ka richtige. A Kraunkenschwesta is in AKH⁵, owa ka Schwesta, oeso ka Geistliche, vastengan s mi? Sie deaf.

Von unten ertönt eine Männerstimme: Aufzug bitte!

- Des is a eh, da Hea Watzek.
- Woens net de Aufzugtia zuamochn?
- Naa, I foa jo glei weida! I muaß eana des nua dazöön.
- Daun gschwind, Frau Schuller, sunst wiad a grantich. No, sogn s: Wean s heiradn? I maan, is ea scho gschiedn?
- Ah, gschiedn is ea do scho laung. Sie is ledig, hod a ma dazööt. Owa ob s glei heiradn? Wea waaß …
- Miassen s jo a net. I vasteh nua net … I maan, sie is a fesche Beason, und ea … Wüvü is sie jinga?

Von unten ertönt abermals die Männerstimme: Aufzug bitte!

- (*laut nach unten gerichtet:*) Kummt glei! Wo woa ma?
- Wüvü sie jinga is. Wos wiadn Sie schätzn?

- Zehn Joa.
- Mea. Zwanzg!
- Naa, sicha net. Sie schaut nua so jung aus. Die is guat heagricht. Goa so jung is die nimma. A guade Paatie is jedenfoes.
- Oes Kraunknschwesta?
- Eanare Ötan san gstopft wia de Ganseln, da Vota Primaa in ana Privatglinich, und sie is des anziche Kind. Zumindest hod ea mia des so gsogt.
- Schmähohne?
- Schmähohne.

In diesem Moment erscheint Herr Watzek schnaufend auf der Stiege.

- Griaß Sie, Hea Watzek!
- Grüß Gott, Frau Schuller, griaß Sie, Herr Kocourek. Da Aufzug …
- Net bees sein, Hea Watzek. Mia haum nua wos zu dischkutian ghobt, da Hea Kocourek und I.
- Am End die Gschicht von Herrn Professor Waiglein, wissen S eh, den Neuen aus m ersten Stock.
- Ah, wos wissen denn Sie do, Hea Watzek?
- Ich bitte Sie, Herr Kocourek, de Gschicht mit dem gstohlenen Mantel? Sogoa a Anzeige hod a gmacht. Und dann taucht da Mantl auf einmal bei da Frau Lidl auf.
- Schmähohne?
- Schmähohne, Frau Schuller.
- Wissen s am End de gaunze Gschicht?

In diesem Moment ertönt von unten eine Frauenstimme: Aufzug bitte!

- Jo, glei!

- Jössas, des is de Steputat, die hod s wieda amoe gnedich. Gschwind, sunst wiads grantich.
- Oeso, des woa r a so …

Was der Schmäh ist

Das muss ich Ihnen jetzt erzählen:

Jetzt wollen Sie von mir wissen, was der Schmäh ist? So quasi als Definition? Ich sag' Ihnen gleich: Das ist aussichtslos. Das kann ich Ihnen nicht in fünf Worten sagen, und in einem schon gar nicht. Das kann ich Ihnen nur erzählen. Erzählen ist sowieso der halbe Schmäh. Um einen ganzen daraus zu machen, braucht es nichts als Schmäh. Warten Sie einen Moment (nua net hudln), Sie werden gleich verstehen, was ich meine. Die Sache ist die: Es gibt keine Definition für Schmäh, zumindest keine zutreffende, keine, die sozusagen allschmähumfassend wäre, die alles beinhaltet, was der Wiener unter Schmäh versteht. Die meisten, die sich an einer Definition versuchen, gehen über den Umweg zu erklären, was der Schmäh *nicht* ist. Da liest man dann in der Regel, der Schmäh sei kein Witz.

Jo, eh.

Weil der Schmäh ab und zu schon ein Witz auch sein kann. Aber eben nur „auch" und eigentlich fast nie. Dem Witz geht es um die Pointe, dem Schmäh ums G'schichterl. Nicht um eine Geschichte, eine Geschichte ist für den Schmäh viel zu groß und viel zu schwer. Und weil der Schmäh die Leichtigkeit des G'schichterls betont, schert er sich nicht drum, ob da jetzt jedes Wort wahr ist, das

G'schichterl verweht ja sowieso, Hauptsach', es macht grad im Moment des Erzählens allen eine Freud', den Zuhörern genauso wie dem Erzähler selbst.

Drum, glaube ich, haut sogar der Wehle daneben, wenn er den Schmäh definieren will.

Wer der Wehle ist? Das gehört zum Schmäh dazu – der Wehle sowieso, aber auch der bestimmte Artikel minus Vorname plus Nachname. Ich muss da jetzt auf das Kapitel mit der Titelvergabe bei der Anrede vorgreifen, dafür wird das dann ein bisserl kürzer. „Bisserl" heißt übrigens „ein wenig". – Aber Vorsicht, wenn Sie bei einem Fleischhauer zehn Deka[6] Wurst verlangen. Wenn die Bedienung Sie dann nämlich fragt: „Deaf s a bisserl mea sein?", und sie sagen „ja", verlassen Sie womöglich mit der doppelten Menge Wurst den Laden.

„Deaf s a bisserl mea sein?" ist somit ein typischer Fall von Schmäh, und das führt uns zurück zu dem Wehle, dessen Artikel ich aber zuerst noch erklären muss. Seit 1918 sind in Österreich die Adelstitel abgeschafft. Man wollte mit der Habsburger-Monarchie nichts mehr zu tun haben. Zumindest offiziell nicht. Inoffiziell gesteht man vor allem in Kaffeehäusern bisweilen Leuten Adelsprädikate zu, die sie nicht einmal in der Habsburger-Monarchie hatten. Dazu kommen wir noch. Dass ein Krieg, den das Haus Habsburg führt, verloren geht, das hätte man eigentlich gewohnt sein müssen. Aber das war nun doch etwas zuviel an verlorenem Krieg.

An die Stelle der durch und durch adeligen Adelsprädikate trat das Volksadelsprädikat. Um ehrlich zu sein: Es gab es auch schon zu monarchischen Zeiten. Das Volksadelsprädikat verleiht keiner offiziell. Einer fängt damit an, dann geht es von Mund zu Mund. Und gibt es jetzt kein „von" mehr, so gibt es eine „die" und einen „der". Quasi Artikel statt Titel. Ist eine Österreicherin oder ein Österreicher also durch besondere Taten hervorgetreten, dann adelt ihn der Wiener in der Umgangssprache mit dem bestimmten Artikel. Aus der Schauspielerin Paula Wessely wurde „die Wessely" und aus dem auch heute noch legendären Bundeskanzler Bruno Kreisky wurde „der Kreisky".

Das ist freilich auch eine Sache der Intonation. Auf dem Artikel muss, wenn er das Volksadelsprädikat ist, ein bisserl ein hochdeutscher Nachdruck liegen. Einen Namen mit dem geschlechtsspezifischen direkten Artikel zu versehen, pflegen nämlich alle österreichischen Dialekte. Da sagt man dann: „Gestan how i mi mi n Ferdl troffen"; wobei das „n" die umgangssprachliche Verschleifung des „dem" ist, das isolierte „n" müsste eigentlich ein „m" sein. Offenbar fällt das „n" der Zunge leichter als sein alphabetischer Nachbarslaut. Der besagte Ferdl braucht in diesem Zusammenhang keineswegs eine herausragende Stellung in der österreichischen Gesellschaft einzunehmen.

Sagt man aber: „Gestern how i mi mit der Tobisch getroffen", wäre das schon ein anderes Kaliber. Ein Treffen mit Lotte Tobisch, Schauspielerin, ehemalige Organisatorin des Wiener Opernballs und vielleicht letzte große Salondame Wiens, würde in der Sprache sofort abfärben: Im Umfeld von „der Tobisch" herrscht Hochdeutsch. Niemand würde beim Schmähführen sagen: „Gestan how i mi mit da Tobisch troffen." Und wenn es einer doch so sagt, dann können Sie sicher sein, dass er schmähführt und die Tobisch vielleicht von Ferne gesehen hat, denn wenn er so spricht, dann gehört er gewiss nicht zu den Menschen, mit denen sich die Tobisch trifft.

Eigentlich wollte ich aber zu dem Wehle etwas sagen. Peter Wehle, nicht zu verwechseln mit seinem 1967 geborenen Sohn gleichen Namens, der sich als Krimi-Autor einen Namen macht, vorerst aber noch kein „der Wehle" ist, der Wehle also, der Vater, war einer der brillantesten Kabarettisten Österreichs. Zu vielen seiner Texte komponierte er selbst die Musik, und einige erheben den Anspruch, Literatur zu sein. In einer Sammlung heiterer Lyrik würden sich seine grotesken bis absurden Verse so übel nicht ausnehmen. Zum Beispiel dieses Lied über die Schwierigkeiten eines Schüchternen in Liebesdingen, in dem es heißt: „Doch werf ich den Blick auf ein Mädchen / Und denk mir: ‚Vielleicht wird die schwach!' / Dann wirft meinen Blick / Sie nur achtlos zurück / Und sehr oft was Kompaktes noch nach."

Wehle brachte 1981 „Sprechen Sie Wienerisch?", sein Lexikon des Wienerischen, in der überarbeiteten und definitiven Version heraus. In diesem Buch findet sich natürlich auch der Schmäh, und den definiert Wehle, obwohl er der Wehle ist, meiner Meinung nach falsch: „Schmäh: Gag, Pointe, Aufschneiderei, Unterhaltung."

„Gag, Pointe" – das würde auch zum Witz passen. Aber, wir erinnern uns, der Schmäh ist kein Witz. Eher besitzt der Schmäh Witz, nämlich den Witz im Sinn von „gewitzt", und ich bin versucht, am Wort „bauernschlau" entlang, das sich bei Wienern verbietet, bei denen Bauer höchstens noch ein Name ist, aber keine Berufsbezeichnung mehr (es sei denn, es ist der Weinbauer, wie wir sehen werden), das Wort „städterschlau" zu konstruieren. Dann könnte man Schmäh und Witz, besser Schmäh und Gewitztheit, einander annähern. Annähern, sage ich; und nicht, dann wäre das Eine dem Anderen gleich.

Gerade fällt mir meine erste Begegnung mit dem Schmäh ein, zumindest die erste, an die ich mich erinnern kann. Bevor ich in die Volksschule kam, kümmerten sich tagsüber meine Großeltern um mich. Zu jener Zeit, ich rede von der ersten Hälfte der 1960er-Jahre, gab es bestimmte Statussymbole. Kindergärten zum Beispiel waren etwas für die ärmeren Leut', für Familien, die es sich nicht leisten konnten, dass die Frau zu Hause blieb. Meine Eltern hätten es sich zwar finanziell mühelos leisten können. Meine Mutter jedoch arbeitete gern. Sie hatte gleich nach dem Krieg Landwirtschaft studiert, zu einer Zeit, als solch ein Studium für Frauen als völlig verrückt galt. Dementsprechend war sie die erste Frau Diplom-Ingenieur Österreichs in dieser Sparte. Sie dachte nicht daran, sich auf „Hausfrau und Mutter" zu beschränken. Obendrein waren meine Großeltern selig, den Buben mit aller Zuwendung versorgen zu können, derer eine Großmutter und ein Großvater fähig sind, und das ist eine Menge, das können Sie mir glauben. So war alles gemäß der damaligen gesellschaftlichen Zeichensetzung in bester Ordnung.

Meine Großmutter liebte es, auf den nahen Brigittamarkt einkaufen zu gehen. Das bedeutete natürlich auch einen Austausch der Neuigkeiten aus dem Grätzl. Auf dem Brigittamarkt gab es eine Fleischhauerin namens Barischitz, ihr Vorname war, glaube ich, Helga, ganz sicher bin ich mir dessen nicht, wie gesagt: Ich war vier, fünf Jahre alt. Was ich indessen ganz sicher weiß, ist, dass bei Frau Barischitz Name, Beruf und Aussehen auf wunderbare Art übereinstimmten, zumindest in meiner Vorstellungswelt. Aber vielleicht ist die ja auch geprägt von der realen Frau Barischitz. Wer kann das wissen? Frau Barischitz war mittelgroß, lachende Augen hinter der dünnrandigen Brille, die Haarfarbe habe ich nie gesehen, denn Frau Barischitz trug stets ein weißes Häubchen, und um den rundlichen Leib gebunden hatte sie eine weiße Schürze. Dem eigentlichen Schmäh vorausschicken muss ich außerdem, dass in jenen Tagen viele Haushalte noch mit Holz, Koks oder Kohle im Ofen heizten.

Jetzt kommt meine erste Begegnung mit dem Schmäh. Es war ein später Wintereinbruch, wohl im März oder gar im April, jedenfalls lag Schnee, daran erinnere ich mich noch genau, weil mir meine Großmutter nach dem Marktbesuch erlaubte, vor der Brigittakirche ein paar Schneebälle zu werfen – vor der Kirche, sage ich, nicht auf die Kirche, wiewohl ich ungezogener Fratz das eine für das andere nahm, ohne mir Mamas Groll zuzuziehen. Ja, wirklich, bei uns war die Großmutter „Mama", und meine Mutter war „Mutti".

Doch zurück zu meiner Großmutter und der Frau Barischitz. Die beiden kamen auf winterliche Kälte zu sprechen. Jede überbot (oder sagt man da „unterbot"?) die Minusgrade der anderen. Roald Amundsen, der Entdecker des Südpols, hätte nicht mithalten können. Zuletzt triumphierte die Frau Barischitz: „Vor drei Jahren …" Nein, das muss ich im Dialekt wiedergeben.

Frau Barischitz also sagte: „Vua drei Joa, do woa s en

Winta so koed, dass ma des Feia in Ofn eigfruan is." Worauf meine Großmutter fragte: „Schmähohne?" Und Frau Barischitz erwiderte: „Schmähohne". Dazu nickte sie bekräftigend mit dem Kopf.

Das war Schmäh mit Schmäh. Natürlich wusste Frau Barischitz ganz genau, dass meine Großmutter niemals glauben würde, das Feuer im Ofen sei eingefroren. Umgekehrt wusste meine Großmutter, dass Frau Barischitz niemals einen Anspruch auf die Glaubwürdigkeit dieser Geschichte erheben würde. Die Frage meiner Großmutter „schmähohne?" war lediglich eine Verlängerung des Schmähs, und die Antwort „schmähohne" war dann, gerade wegen der Behauptung, es sei kein Schmäh, der abschließende Schmäh. Beide Frauen hatten sich auf den Schmäh eingelassen.

Wir lernen daraus nebenbei, dass „schmähohne" nur theoretisch bedeutet, die Geschichte sei wahr. Ich meine, das kann „schmähohne" auch bedeuten, aber eben nur auch. Ebenso gut kann „schmähohne" die Bestätigung für den Schmäh sein.

Wie man da durchblickt? Im Zweifelsfall ist es Schmäh, was nach Schmäh klingt.

Meine Großmutter hatte danach Mühe, mir zu erklären, dass weder Flammen einfrieren können, noch dass Frau Barischitz gelogen hat. Weil halt der Schmäh nicht wirklich ein Lügeng'schichterl ist, das ist er so wenig, wie er ein Witz ist. Wobei er schon beides sein kann, ein bisserl wenigstens, aber die Lüge ist nicht das tiefere Wesen des Schmähs, und der Scherz ist es auch nicht.

Fallweise kann er freilich das eine wie das andere sein.

Dementsprechend definiert Peter Ahorner in seinem „Wiener Wörterbuch" den Schmäh mit „Witz", aber ebenso mit „Aufschneiderei, Unwahrheit". Auch Wehle, also *der* Wehle, führt übrigens „Aufschneiderei" als Unterbedeutung an.

Und nun? Was ist jetzt der Schmäh? Gag und Pointe lasse ich weg, dieser Definition traue ich nicht, obwohl sie von *dem* Wehle kommt. Eine leichte, amüsante Erzählweise gehört zum Schmäh dazu, aber der Schmäh legt es nicht auf die Pointe an. Er sitzt nicht da im Café mit grellbuntem Gewand, damit jeder weiß: Gleich gibt's was zu lachen. Der Schmäh kommt unauffällig. Er kommt leise. Der Schmäh kann eine mit Charme erzählte ganz und gar wahre Geschichte sein und eine faustdicke Lügengeschichte – die aber, bitte, auch mit Charme erzählt. Ohne Charme kein Schmäh, der Charme ist eine Grundbedingung. Was Charme ist? – Keine Definitionen verlangen: Charme ist, was man als Charme empfindet. Beim Schmäh ist es ähnlich.

Ein bisserl näher möchte ich ihm dennoch kommen, dem Schmäh. Er ist eine mit Charme erzählte Geschichte wahren oder erfundenen oder übertriebenen Inhalts, eine Plauderei, ein treffender Ausspruch. Der Schmäh entsteht aus der Situation. „Beim Reden kummen d' Leit zsamm", sagt man in Wien, und beim Reden rennt auch der Schmäh. Wenn der Schmäh rennt, dann bedeutet das eine angeregte Unterhaltung.

Vielleicht kann ich das am besten exemplifizieren, wenn ich einen Witz in einen Schmäh übersetze. Das geht nicht mit jedem Witz. Ich fange mit einem der unübersetzbaren an, und da es beim Witzeerzählen weit Berufenere gibt als mich, klaue ich ihn Wort für Wort aus Hellmuth Karaseks

Buch „Soll das ein Witz sein?" Nun denn: „Im Schauspiel-haus: Ein Zuschauer sagt zu seinem Nachbarn: ‚Heute ist die Akustik nicht gut.' Der andere, nach einer Weile: ‚Jetzt höre ich's auch!'" Diesen Witz kann zumindest ich nicht in einen Schmäh übersetzen, ohne ihn völlig zu ruinieren.

Der nächste Versuch macht mit dem Grafen Bobby be-kannt. Die Figur ist älter, als man denkt. Um die Wende zum 20. Jahrhundert ist sie aufgetaucht. Sie sagt viel darüber aus, wie die Österreicher über den Habsburgerstaat-Adel dachten. Man hielt seine Angehörigen offenbar nicht gera-de für Geistesriesen. Leicht vertrottelt und schwer dekadent (oder andersherum), das trifft es eher. In der zweiten Hälf-te der 1950er-Jahre waren die Graf-Bobby-Witze plötzlich wieder da. Als dann 1961 der erste Graf-Bobby-Film mit dem österreichischen Schlagerstar, Schauspieler und vor al-lem Publikumsliebling Peter Alexander in die Kinos kam, erlebten sie eine wahre Blüte. Wer sich „Die Abenteuer des Grafen Bobby" in der Regie Géza von Cziffras heute an-schaut, kann sich gar nicht vorstellen, dass ursprünglich Heinz Rühmann für die Titelrolle vorgesehen war. 1967 brachte Bensdorp sogar den Graf-Bobby-Schokoriegel auf dem Markt. Auf dem Pappschuber war stets ein Graf-Bob-by-Witz abgedruckt. Das nur nebenbei. (Schmäh bedeutet schließlich auch Plaudern, ohne das Thema ganz genau im Auge zu behalten.)

Hier nun der Graf-Bobby-Witz, den ich versuchen wer-de, in einen Schmäh zu übersetzen. Zuerst aber in der Ge-stalt des Witzes: Graf Bobby sitzt in seiner Küche, vor ihm türmt sich ein riesiger Berg in Scheiben geschnittener Sem-meln. Kommt Graf Bobbys Freund, Baron Mucki, herein, sieht den Haufen Semmelschnitten und fragt: „Ja, Bobby, was machst du denn da?" Antwortet Graf Bobby: „Weißt, mein lieber Mucki, ich wollt' mir einen Scheiterhaufen machen, und im Kochbuch steht: Man schneide drei Tage alte Semmeln in Scheiben. No, zwei Tage schneid' ich schon."

Jetzt das Ganze als Schmäh – da brauche ich eine zweite Person und eine Situation. Nicht unbedingt, aber der Schmäh hat dann mehr Schmäh. Wir sind noch immer im Café, haben zwischen den zurückschwingenden Schwingtüren einen Weg gefunden, wie weiland Odysseus zwischen Scylla und Charybdis hindurchgesteuert hat (was zweifellos etwas einfacher war), haben den Herrn Witz ignoriert, den Ober gefragt, wo Herr Schmäh sitzt, worauf der Ober geantwortet hat, der Herr Kommerzialrat (zu den Titeln komme ich noch, versprochen, alles auf einmal geht wirklich nicht, und schon gar nicht beim Schmäh) würde am Tisch beim Fenster rechts neben dem Klavier sitzen, wir haben uns dorthin begeben, uns dem Herrn Kommerzialrat Schmäh vorgestellt und ihn gefragt, ob wir uns einen Moment zu ihm setzen können. „Bitt'schön, Herr Doktor", hat der Herr Kommerzialrat Schmäh geantwortet. Der Ober tritt herzu, wir bestellen uns einen kleinen Braunen, wie der Mokka mit Kaffeeobers hier heißt, und einen Scheiterhaufen. Der Herr Kommerzialrat Schmäh zieht die Augenbrauen hoch. „Scheiterhaufen?", fragt er. Wir sind einen Moment irritiert: „Wieso? Ist der hier nicht empfehlenswert?" „Doch, doch", sagt der Herr Kommerzialrat Schmäh, „aber wenn ich ‚Scheiterhaufen' hör', denke ich gleich an meinen Freund, den Bobby. Grafen gibt's bei uns ja keine mehr in Österreich, seit dem Achtzehnerjahr, aber vor dem Achtzehnerjahr war der Bobby ein Graf, wenn Sie verstehen. Dem ist da etwas passiert, das glauben Sie nicht." „Erzählen Sie, bitte", antworten wir. Der Herr Kommerzialrat Schmäh nimmt einen Schluck Kaffee aus seiner Tasse, winkt dem Ober, „noch einen Franziskaner, bitte", sagt er, was soviel bedeutet wie einen verlängerten Mokka mit Schlagobers. „Wo waren wir? Ah, ja", sagt der Herr Kommerzialrat Schmäh, „bei meinem Freund, dem Grafen Bobby. No, Sie wissen ja, dass Kochbücher mitunter zweideutige Formulierungen enthalten. Ich lese ja keine Kochbücher, aber ich habe mir das sagen lassen. Also, mein Freund Bobby, der hat im Casino in Baden ein bisserl was verspielt. Sie wissen ja: Glück in der Liebe, Pech im Spiel. Der Bobby muss daher sein Personal ein bisserl reduzieren. Glück in der Liebe hat der Bobby grad gefunden. Denkt er sich, er kann die Köchin entlassen, so gut ist sie sowieso nicht, und seine neue Angebetete wird schon wissen, was in der Küche zu tun ist, und wenn sie nur Anweisungen gibt. Aber grad da hat er sich getäuscht, der Bobby, denn sie hat vom Kochen so viel Ahnung wie eine Katze von der Landwirtschaft. Was weiß ich nicht, wieso mir gerade dieser Vergleich einfällt. Also, der Bobby kriegt einen Appetit auf Scheiterhaufen. Denkt er sich, das kann doch nicht so schwer sein, das werd' ich selber zusammenbringen. Er geht in die Küche, sucht das Kochbuch heraus, schaut im Stichwortverzeichnis nach – da steht er, der Scheiterhaufen. Der Bobby schlägt das Rezept auf und liest: ‚Schneiden Sie drei Tage alte Semmeln in Scheiben.' Denkt sich der Bobby: ‚Das schaff' ich.' Und wissen Sie, was der Bobby gemacht hat? Zum Bäcker ist er gegangen und hat Unmengen Semmeln gekauft. Am nächsten Tag ist er um acht Uhr früh in die Küche und hat zu schneiden begonnen. Den ganzen Tag hat er Semmeln geschnitten, und am nächsten Tag auch bis knapp nach Mittag, da bin ich ihn besuchen gekommen. Weil ich ihn nicht im Café Central getroffen hab' wie sonst am Mittwoch, hab' ich mir gedacht, ich schau lieber einmal nach. Und da find' ich den Bobby in einem Berg von Semmelscheiben. Ich frag' ihn: ‚Ja, was machst Du denn da?‘ Sagt er: ‚Ich will mir einen Scheiterhaufen machen, und im Rezept steht, man muss drei Tage alte Semmeln schneiden.‘ Verstehen Sie? Er hat geglaubt, er muss drei Tage *lang* alte Semmeln schneiden. Jetzt will er vom Scheiterhaufen nichts mehr wissen, der Bobby, dabei war es vorher sein Leibgericht. Ah, da kommt ja schon Ihr Scheiterhaufen. Schaut sehr schön aus. Guten Appetit."

Der Unterschied ist, meine ich, deutlich: Der Witz ist kurz und knapp. Er steuert geradewegs auf die Pointe zu. Dem Witz ist es völlig gleichgültig, wieso ein Graf in höchsteigener Person in der Küche Semmeln schneidet, statt einfach der Köchin zu sagen: „Resi, ich hätt gern einen Scheiterhaufen." Der Witz fackelt nicht lange: Ausgangssituation (Graf Bobby vor einem Berg Semmelscheiben) – Entwicklung (Baron Mucki fragt, was das soll) – Pointe (das Missverständnis).

Dem Schmäh hingegen ist an der Pointe viel weniger gelegen. Dafür ist das Drumherum anschaulicher: Wieso will der Graf Bobby ausgerechnet einen Scheiterhaufen kochen? (Er ist – oder vielmehr: war – sein Leibgericht.) Wieso kommt der Graf Bobby in die missliche Lage, selbst den Scheiterhaufen zubereiten zu müssen? (Weil er die Köchin entlassen hat.) Wo hat der Graf Bobby die Semmeln her? (In Unmengen beim Bäcker gekauft.) Und so weiter. Der Schmäh ist eine kleine Erzählung, ein G'schichterl.

Zumindest ist er es in diesem Fall.

Aber ich will reinen Wein einschenken – soweit das beim Schmäh überhaupt möglich ist. In den verschiedenen Redewendungen besitzt das Wort Schmäh nämlich unterschiedliche Bedeutungen und Nuancen.

Schmäh für sich genommen, das wäre in etwa das Graf-Bobby-G'schichterl. Dessen Perfektionierung wäre, würde unsereiner nach der Aufklärung des Missverständnisses ein „Schmähohne?" einstreucn, worauf der Erzähler fortsetzen würde mit „Schmähohne". Doch in den Redewendungen kann Schmäh andere Bedeutungen annehmen: „A aufglegta Schmäh" bedeutet etwa eine leicht durchschaubare Flunkerei oder Lüge, „wen mi'n Schmäh packn" heißt, jemanden durch Charme für sich einzunehmen versuchen, und wenn man „mi'n Schmäh hausian geht", dann tut man, was ich gerade gemacht habe: Man schmückt sich mit fremden Federn, denn ich habe die Definitionen aus Wolfgang Teuschls „Wiener Dialektlexikon" genommen.

Gerade fällt mir etwas auf: Könnte Schmäh in allen Zusammensetzungen und Redewendungen möglicherweise eine Distanz zwischen der Wahrheit und der Realität des Schmähs bedeuten?

Neulich habe ich mich beim Schmähführen ertappt. Ich habe in meinem Stamm-Modehaus ein Sakko für mich gekauft, weil in mein noch gar nicht altes die Motten hineingekommen sind. Mistviecher! Die Verkäuferin, die mich seit gut fünf Jahren kennt, war ein bisserl erstaunt, dass ich schon wieder ein Sakko kaufe. Gesagt hat sie natürlich nichts, aber ihrem Blick habe ich es angesehen. Also sage ich: „Schauen Sie[7], das Sakko, das ich letztes Mal bei Ihnen gekauft hab' – das haben die Motten aufgefressen. Ich mach den Kleiderkasten auf und hab' das Malheur gesehen. Was soll ich Ihnen sagen? – Eines von den Biestern ist da gesessen, hat noch auf einem Fetzerl von dem Sakko herumgekaut und mich frech angegrinst." Haben Sie je eine Motte grinsen gesehen oder auf einem Stückchen Stoff herumkauen? Das war natürlich der reine Schmäh. Wenn er rennen soll, der Schmäh, dann bedarf es des gegenseitigen Einverständnisses zwischen Schmähführer und Zuhörer. Das kommt stillschweigend zustande. Keiner sagt: „Jetzt tuan ma a wengal schmähführen." Man spürt: Jetzt ist der richtige Moment für einen Schmäh. Wie man den erwischt, den richtigen Moment? Was soll ich Ihnen sagen? – Den richtigen Moment zu sagen, „ich liebe dich", kann man ja auch nur spüren und nicht planen.

Aber machen wir uns nichts vor: Außerhalb von Wien, bei den Fremden quasi, steht der Schmäh in schlechtem Ruf. Er gilt als Zeichen einer spezifisch wienerischen Form der Unehrlichkeit. Diesen üblen Leumund verdient der Schmäh nicht. Doch ein bisserl was könnt' schon dran sein. Man braucht ja den Schmäh nicht gleich mit der faustdicken Lüge gleichzusetzen. Mit der Lüge ist immer etwas Bösartiges verbunden, zumindest ein Vorteil, den man für sich selbst herausholen will.

Der Schmäh hingegen: Sie erinnern sich an die Frau Barischitz mit der Geschichte vom eingefrorenen Feuer? – Wahr an ihr ist nur, dass die Frau Barischitz an einem Wintertag ein Feuer in ihrem Ofen gemacht hat, aber es war wohl dermaßen kalt, dass sie die Wohnung selbst damit nicht ausreichend aufwärmen konnte. Die Geschichte in der Schmäh-Variante nützt niemandem und schadet keinem. Sie bebildert die extreme Kälte. Zwischen der Wahrheit und dem Schmäh klafft aber ein Spalt.

Auch bei der Graf-Bobby-Geschichte ist diese, sagen wir: verschobene Wahrheit vorhanden. Natürlich, weil der Witz, der als Ausgangspunkt diente, eine absurde Situation darlegte. Aber in der Schmäh-Variante wird es nicht logischer: Wieviel Geld muss der Graf Bobby in einer einzigen Nacht im Badener Casino verspielt haben, wenn er danach sogar Dienstboten entlassen muss? Wieso entlässt er gerade die Köchin, wenn er weiß, dass er selbst gerade davon keine Ahnung hat? Wie hat der Graf Bobby die Unmengen an Semmeln nach Hause gebracht? Fragen über Fragen.

Natürlich braucht der Schmäh keine Logik, es bedarf keiner in sich stimmenden Geschichte. Aber diese fehlende innere Logik verursacht dann eben diese Trennung zwischen Schmäh und Wahrheit oder zwischen Schmäh und Wirklichkeit.

Und wenn der Schmäh ganz einfach eine ganz und gar wahre Geschichte ist, die der Erzähler nur durch seine Darstellung über Gebühr aufwertet? Auch das kann Schmäh bedeuten. Ich will es so versuchen: In diesem Fall macht der Erzähler aus einer Mücke einen Elefanten. Da aber Mücken keine Elefanten sind, diese Mücke aber für einen Elefanten ausgegeben wird, besteht in solch einer Maskierung die Abkehr von der Realität. Die US-amerikanische Dichterin Gertrude Stein hat zwar in Wahrheit geschrieben „Rose is a rose is a rose is a rose", aber der Satz ist in sanfter Verballhornung längst auch in den deutschen Wortschatz eingegangen, wenn man sagen will: „Es ist, was es ist. Nicht mehr und nicht weniger." Demnach würde die Realität sagen: „Eine Rose ist eine Rose ist eine Rose", während der Schmäh spräche: „Eine Rose ist ein Rosenstrauß ist ein Feld voller Rosen – darf ich Ihnen, schönste Frau der Welt, wenigstens eine davon schenken?"

Der Schmäh wäre also eine Geschichte oder Ausdrucksweise mit – sagen wir: speziellem Verhältnis zur Wahrheit. Als ob man damit den Schmäh eingrenzen könnte! Vielleicht lässt er sich ja bei seinem Namen packen: Schauen wir uns also an, woher die Bezeichnung kommt.

Wie bitte? Das Kapitel ist lang geworden? Richtig. Und so lange Kapitel sind nichts für die Lektüre in der Straßenbahn oder im Kaffeehaus? Nochmals richtig. Ich selbst ziehe ja kürzere Kapitel vor. Was es mit dem Wort Schmäh auf sich hat, steht daher erst im nächsten.

Da fällt mir gerade noch etwas ein – wird nicht lang, ich versprech's, aber ich muss Ihnen noch etwas über die Frau Barischitz erzählen. Sie, die meine erste Begegnung mit dem Schmäh bewirkte, ist auch die Ursache dafür, dass ich bis heute kein Huhn esse. Der Schmäh kann halt ab und zu nach hinten losgehen. Bis zu jenem Tag meiner ferne zurückliegenden Kindheit habe ich Huhn leidenschaftlich gerne gegessen. An diesem bestimmten Tag ist meine Großmutter mit mir auf den Markt gegangen, um bei Frau Barischitz ein Henderl zu kaufen. Das sollte es, gebraten, als Mittagsessen geben. Meine Großmutter hat wirklich fabelhaft gekocht. Aus purer Vorfreude auf die resche Haut ist

mir das Wasser im Mund zusammengelaufen. Meine Großmutter verlangt das Henderl und fragt ganz automatisch:
„Is s eh frisch?" Nun hätte Frau Barischitz einfach antworten können: „Ja." Aber eine einfache Ja-Nein-Antwort
widerspricht allem, was Schmäh ist. So antwortete Frau
Barischitz sozusagen stilecht: „Eh. Heunt' in da Fruah hot
s no Keandln pickt." Aus war's. Nie wieder Huhn. Es war
mir egal, ob das Huhn wirklich noch am Morgen Körner
aufgepickt hat oder gestern Abend seine Henkersmahlzeit
zu sich genommen hatte. Ich war kein völlig naives Kind.
Ich meine: Instinktiv war mir durchaus klar, dass Kühe und
Schweine das Schnitzelfleisch nicht freiwillig zur Verfügung
stellen, und dass Brathühner kein Gemüse aus dem Glas-
haus sind. Aber die Vorstellung, dieses Tier zu essen, dass
sich vor ein paar Stunden noch ein Korn nach dem anderen
schmecken ließ und dabei glücklich war: Es war für mich
so absolut unerträglich, dass ich nie wieder Huhn gegessen
habe. Nicht als Kind – und irgendwie sitzt mir dieser Schock
von damals noch immer so sehr in den Knochen, dass ich
auch heute kein Huhn esse.

Schmähohne.

Intermezzo: Im Modegeschäft
gegenüber

Im kleinen Modegeschäft auf der anderen Seite der Straße, später Nachmittag.

- Griaß Sie, Frau Schuller.
- Griaß Sie, Frau Sladek. San S wieda gsund?
- Danke der Nachfrage, s woa jo nua a Schnupfn.
- God sei Daunk. Kaun i valleicht wos duan fia Sie?
- Schauma! Da Mantl, den S in da Auslag hom …
- Wöcha?
- Da graue min Bözgraugn – wos kost n dea?
- Regulea ochtfünf, owa fia Sie ocht, waun ma scho in gleichn Haus wohna.
- Des is ma aa zvüü. Fünfe?
- Na, do vadien I nix mea. Sie wissen eh: Außer Ihnan kriagt bei mia sunst kana an Rabatt. Owa fünfe kaun i wiaklech net mochn. Woatns, I hoe eana den Mauntl, dass amoe einaschlupfn kenna. So, no brobians amoe. Und jetzt schaun S in d n Spiagel. Sea fesch, sog i …!
- Eh. Und drogt si guat. Owa ocht is ma zvü.
- Da Graugn is a Oat Neaz! Haaßt Kolinski und kummt aus Russlaund.
- Schmähohne, von de Russn?
- Schmähohne. Griaß Sie, Frau Steputat.
- Grüß Sie, Frau Schuller. Ham Sie noch die Pelzjacke, die ich gestan probiat hab?
- An Momend, Frau Steputat, I bin glei bei eana. No, wos manan S, Frau Sladek?
- I waaß net. Fesch is a scho.

- Und ea steht Ihnan. I sogat's net, wauns net woa warad. Grod, oes wa r a fia Sie gmocht.
- Ich bin ein bisserl in Eile, Frau Schuller …
- Glei, Frau Steputat. Dea foed guat. No, ka Wunda bei eanara Figua!
- Dank ihnan. Ea gfollad ma wiaklech guad.
- Schaun S eana de Vaoaweidung au. Sengen S, wia fein die Nähte san?
- Und dea is wiaklech aus Russlaund?
- Nua da Kragn. Da Rest is aus da eiganen Schneidarei.
- Drum …
- Ich hab noch ein paar Wege zu machen, könnten Sie mich vielleicht dazwischenschieben?
- An Momend, Frau Steputat, glei bin i bei eana!
- Die Jacke …
- An Momend, Frau Steputat.
- Fesch is a, sea sogoa. No jo … Wissen S wos? Lossen's n herinn, i geh gschwind eikaufn und üwaleg dabei, ob i ma des leistn kau. Wiedaschaun, Frau Schuller.
- Wiederschaun, Frau Sladek. Gstopft wia r a Gansl, da Mau von ia, owa haundln wüü S. So, jetzt hol i de Jackn fia Sie, Frau Steputat.
- Aber neun is wirklich viel. Sieben, sonst kommen wir nicht ins Geschäft.
- So, da hamma de Jackn. Schlupfen S eine, Frau Steputat. Fesch san S, sea fesch! Achtfünf fia Sie, waun ma scho in söbn Haus wohnan. Außer Ihnan kriagt sunst kana an Rabatt bei mia.
- Schmähohne?
- Schmähohne.

Woher der Schmäh kommt

Das muss ich Ihnen jetzt erzählen:

Gerade hab' ich Ihnen erklärt, dass man nicht genau definieren kann, was der Schmäh ist und dass sich seine Bedeutung, je nach Verwendung des Wortes, im Dreieck zwischen treffendem Ausspruch, launigem G'schichterl und Lüge bewegen kann und alle seine Erscheinungsformen höchstens in dem Punkt einer eigenwilligen Auffassung von Wahrheit auf einen etwas unsauberen kleinsten gemeinsamen Nenner zu bringen sind. Und jetzt soll ich im darauffolgenden Kapitel erklären, dass ich nicht weiß, woher das Wort kommt. Gar nicht darauf einzugehen, wäre indessen auch unseriös, oder?

Karten auf den Tisch, es ist wirklich so: Woher das Wort Schmäh kommt, weiß niemand. Es ist wie bei der Frage, was der Schmäh seinem Wesen nach ist: Vermutungen äußern viele, nur belegen kann sie keiner.

Fangen wir (wie sonst?) mit dem Wehle an. In seinem Buch „Sprechen Sie Wienerisch" leitet er das Wort aus dem Jiddischen „schmaien" ab, was seinerseits vom hebräischen „sch'ma" abstammt, das an prominentester, nämlich erster Stelle im jüdischen Glaubensbekenntnis steht: „Höre, Israel, JHWH ist unser Gott, JHWH ist einer" (5. Mose 6,4). Demgemäß heißt das jüdische Glaubensbekenntnis nach seinen ersten beiden Wörtern „Sch'ma Israel". Wolfgang Teuschl gibt in seinem „Wiener Dialekt Lexikon" dem Wehle recht, nicht expressis verbis zwar, aber auch er leitet den Schmäh von „schemá = Gehörtes" ab.

Aber der Schmäh besitzt weder sonderliche religiöse Bindungen noch hat er mit Zuhören zu tun. Schmähführen ist vor allem Erzählen, sich unterhalten. Erzählen und Zuhören sind miteinander verbunden, aber das Eine ist nicht das Andere. Und zuhören kann man auch einer Musik oder dem Rauschen der Wellen oder dem Spiel des Herbstwindes in welkenden Blättern. Es bedarf beim Zuhören nicht unbedingt eines Erzählers. Zum Schmähführen jedoch gehört ein Erzähler. Wie sonst soll er denn sonst zu rennen anfangen, der Schmäh. Darum scheinen mir „schmaien" und „Schmäh" nicht ganz zusammenzupassen.

Andererseits gefällt mir der Hinweis auf das Jiddische. Der Schmäh und der jüdische Witz könnten wirklich Verwandte sein. Das fällt auf den ersten Blick nicht gleich auf, aber ich rede ja von einer Verwandtschaft über ein paar Ecken, fünf mindestens, und nicht von Zwillingen.

Für beide gilt nämlich das gleiche: Der Schmäh ist kein Witz, und der jüdische Witz ist kein Witz, wenn wir Witz so verstehen, wie das Wort heute als Synonym von Scherz gebraucht wird. Beide, sowohl der Schmäh als auch der jüdische Witz, besitzen indessen Witz, und zwar Witz im Sinn von Gewitztheit. Das maßgebliche Deutsche Wörterbuch von Jacob und Wilhelm Grimm definiert das so: „WITZ, m. (f., n.), verstand, klugheit, kluger einfall, scherz" und führt aus: „eine neue aufgabe fällt dem worte im 17. jh. zu, als das gesellschaftlich-literarische ideal des bel esprit,

‚des aufgeweckten, artigen kopfes' aufkommt. witz wird unter einflusz des franz. esprit und des engl. wit bezeichnung für die gabe der sinnreichen und klugen einfälle. (…) vereinzelt schon im 18. jh., stärker mit dem beginnenden 19. jh., bedeutet witz den klugen einfall selbst, fast immer in scherzhaftem oder spöttischem sinne. gegen ende des jahrhunderts ist die bedeutung ‚scherz' im schriftsprachlichen gebrauch bereits so herrschend, dasz ältere verwendungen kaum noch sichtbar werden. die mundarten jedoch kennen auch heute noch witz als ratio, prudentia, (…) vernunft, verstand, klugheit, list."

Zum Beispiel würde dieser jüdische Witz in minimaler Variation auch als Schmäh gewandet gute Figur machen: Grünzweig ist wieder einmal knapp bei Kasse. Er hofft, dass ihm Freiherr von Rothschild, der für seine Wohltätigkeit bekannt ist, aus der Geldverlegenheit hilft. Tatsächlich gelingt es Grünzweig, während einer Soiree zum Baron vorzustoßen. Als Grünzweig dann nach Hause kommt, fragt ihn seine Frau, wieviel ihm denn der Baron gegeben habe. „Fünf Gulden", antwortet Grünzweig. „Fünf Gulden? Das ist alles?" „Ach", sagt Grünzweig, „es geht dem Baron selbst nicht gut im Moment. Er hat sogar ein Klavier verkaufen müssen." – „Wie kommst du auf diese Idee?" – „Ich war doch bei der Soiree. Stell Dir vor: Zwei Pianisten hat er eingeladen, aber sie mussten gleichzeitig auf nur einem Klavier spielen."

Diesen jüdischen Witz über ein missverstandenes Konzert eines Pianisten-Duos, das vierhändige Klavierstücke spielt, könnte man als Graf-Bobby-Witz maskieren: Graf Bobby hat im Badener Casino wieder einmal alles Bare verspielt.

Da auch sein Freund, Baron Mucki, eben in Geldverlegenheit ist, setzt Graf Bobby seine Hoffnung auf den Freiherrn von Rothschild. Dann kann alles ablaufen wie im jüdischen Witz, nur tauschen wir am Schluss Frau Grünzweig gegen den Baron Mucki aus. Selbstverständlich erzählen wir die Geschichte nicht ganz gradlinig, sondern hängen sie an einer Bemerkung der Unterhaltung auf, die wir eben führen, und plustern sie ein wenig mit Nebensächlichkeiten auf (angesichts einer Soiree wird sich da unschwer etwas finden lassen). Andererseits sind die Zeiten eines Grafen Bobby schon lange vorbei. Für einen echten Schmäh wäre die Geschichte etwas zu aktualisieren. Sie kann ja einem Freund oder einem Bekannten passiert sein. In Ermangelung wohltätiger Superreicher, die obendrein Kunstmäzene sind, nennen wir keinen spezifischen Namen. Wir sagen einfach: Das war bei dem, na … Na, dem … Sie wissen schon … Fertig ist der Schmäh. Das nur zur Illustration, dass zwischen dem jüdischen Witz und dem Schmäh ein gewisses weitläufiges Verwandtschaftsverhältnis besteht.

Dennoch bleibe ich dabei: Die von dem Wehle vorgeschlagene Ableitung des Schmähs vom jiddischen „schmaien" überzeugt mich nicht.

Aber da wären ja noch Robert Sedlaczeks Ableitungsversuche. Bei Sedlaczek bin ich fast versucht, von *dem* Sedlaczek zu reden, zumindest hat er sich den Volksadelstitel, also den bestimmten Artikel vor dem Nachnamen, redlich verdient mit seinen Nachforschungen über die österreichische Variante der deutschen Sprache. In seinem Buch „Das österreichische Deutsch. Wie wir uns von unserem großen Nachbarn unterscheiden" schlägt Sedlaczek vor, den

Schmäh aus dem rotwelschen „Schmee" abzuleiten, was Gaunersprache, Lüge und feiner Witz bedeutet.

Das ist bestechend. Rotwelsch ist keine eigenständige Sprache, die durch Verschriftlichung genormt wäre, sondern ein Sprachamalgam, bestehend aus der Muttersprache fahrender Völker und des Mittel- und Frühneuhochdeutschen, also ein Dialekt oder Soziolekt. Als solcher wird Rotwelsch vor allem mit den Roma verbunden. Womit ich jetzt, quasi als Beleg für Sedlaczeks These, zum Lavendelschmäh komme.

Wo habe ich geschrieben, der Schmäh sei an politischer Korrektheit völlig desinteressiert? – Jetzt ist einer der Momente, an dem man um diese politische Unkorrektheit nicht herumkommt. Nur: Wie drück' ich's am unverfänglichsten aus? „Ganz direkt", sagt die Lektorin meines Vertrauens, „die Schmähbriefe an dich leitet der Verlag sicher weiter."

Jo, eh. Und danke für das Wortspiel mit den Schmähbriefen. Auf die Idee komme ich gleich zurück.

Zuerst aber die Sache mit dem Lavendelschmäh. In früheren Zeiten war es dem Wiener, und keineswegs nur ihm, völlig egal, wie sich Völker selbst nannten. Man hatte eigene Bezeichnungen für sie. In der Linguistik nennt man das, wenn einem Volk eine Benennung durch ein anderes Volk oder einen anderen Kulturkreis erfährt, eine Fremdbezeichnung. Solche Fremdbezeichnungen gelten heute als politisch unkorrekt. Wenn zum Beispiel Bayern alle nichtbayerischen Deutschen als „Preißn" bezeichnen, Österreicher für diese das Wort „Piefke" verwenden, die „Piefkes" die Österreicher wiederum als „Schluchtenscheißer" bezeichnen und so weiter, dann ist das zwar Folklore, über die zu lachen man sich mittlerweile (hoffentlich) auf allen Seiten durchgerungen hat, aber die Ausgangslage, um es so zu sagen, ist nicht die schmeichelhafteste.

Genau das ist nämlich der Haken mit diesen Fremdbezeichnungen: Sie sind in der Regel wenig liebevoll. Die Samen waren „Lappen" (was in skandinavischen Sprachen, von denen wir das Wort auch in der Form „läppisch" übernommen haben, soviel heißt wie „Deppen"), die Inuit waren „Eskimos" (woher das Wort kommt, ist wie beim Schmäh: keiner kann's genau bestimmen, „Rohfleischesser" gilt mittlerweile als widerlegt) und Roma und Sinti waren „Zigeuner".

Jetzt zum Lavendelschmäh – und ich warne vor, ich bleibe politisch unkorrekt, nicht aus freien Stücken, sondern weil's anders nicht geht.

Die tief-lila leuchtenden Blüten des Lavendelstrauchs wurden in alter Zeit getrocknet und, zu kleinen Sträußen gebunden, verkauft. Ich kann mich gut erinnern, dass meine Großmutter immer ein Sträußchen duftenden Lavendels in den Wäschekasten legte, und wenn ich bei ihr übernachtete, roch die Bettwäsche nach Lavendel. Lavendel galt nicht nur als natürlicher Wäscheduft, man sagte ihm auch nach, Kleidermotten abzuwehren. Für manche Mottenarten stimmt das tatsächlich, andere dürften geruchstaub sein.

Die Lavendelsträußchen wurden im Sommer auf der Gasse von den Lavendelweibern angeboten mit dem gesungenen Ruf: „An Lawendl hama do. Wer kauft uns an o?" Das greinende Lied der Lavendelweiber gehörte zu Wien, wie die Lieder und Rufe der Gondolieri zu Venedig gehören. Heute sind die Lavendelweiber verschwunden.

Dem wahrscheinlich letzten begegnete ich vor etwa fünfzehn Jahren in der Wollzeile, einer Straße, die sich nahe dem Stephansdom befindet. Es war eine uralte Frau, klein, gebückt, mit faltenzerfurchtem Gesicht, schlicht gekleidet, nur das Kopftuch war auf bäuerische Weise bunt. Zum Singen reichte die Stimme nicht, der Lavendelruf kam nur angedeutet über die Lippen – aber es war der alte Lavendelruf. Ich habe ihr ein Sträußchen abgekauft. Längst habe ich vergessen, wieviel mich das kostete. Ein Vermögen war es nicht. Das Lavendelsträußchen erfrischte meine Wäsche wochenlang auf betörende Weise. Außerdem hatte ich das Lied von einem echten Lavendelweib vorgetragen gehört. Das war's wert.

In älteren Wiener Tagen waren diese Lavendelweiber meist Zigeunerinnen. Selbstverständlich war auch damals der Verkauf von Lavendelsträußchen ein hartes Brot. So besserten sie ihr Einkommen mit dem auf, was man Zigeunerinnen ohnedies als besondere Gabe nachsagt: Sie lasen aus der Hand. Naturgemäß erfreuen gute Nachrichten eher als schlechte und öffneten somit ein wenig weiter die Geldbörse der Kundschaft. Das wiederum ließ die handlesenden Lavendelweiber eine gewisse sanft vertrauliche, sagen wir's rundheraus: schmierige Art annehmen, sowohl beim Anbieten als beim Ausüben der Wahrsagerei. Somit ist der Lavendelschmäh die schmierige Variante des Charmes, und „waun bei ana a jeda Lawendlschmäh einegeht"[8], dann bedeutet das die allzu leichte Verführbarkeit einer Frau – wozu auch immer. Männer mit schmierigem Charme haben's manchmal halt leicht.

Der Lavendelschmäh bindet den Schmäh also an Roma

und Sinti an und könnte ursprünglich der rotwelsche Schmee gewesen sein. Doch in seinem „Wörterbuch des Wienerischen" schlägt Sedlaczek noch eine andere Herkunftsvariante des Wortes vor. Er leitet es vom Mittelhochdeutschen smæhe ab, was „schmähen" in der heute üblichen Bedeutung von verächtlich machen, beschimpfen bedeutet. Damit hat zwar der Schmäh nichts zu tun, aber Sedlaczek meint, es könne „allmählich zu einer Verbesserung in der Bedeutung gekommen" sein.

Ganz folgen kann ich dieser Ableitung nicht. Einerseits, weil ich der Bedeutungsverbesserung misstraue und mich frage, wo die denn hergekommen sein soll, andererseits, weil eine Schmähung rein inhaltlich mit dem Schmäh nichts zu tun hat.

Oder doch?

Eine echte Schmähung besteht nicht darin, jemandem ein Schimpfwort an den Kopf zu werfen, sondern sie ist eine Schmährede, also eine mehr oder minder ausführliche Geschichte über den so Geschmähten. In dieser Geschichte mag nun manches nicht stimmen und etliches übertrieben sein. Lässt man den absichtlich schlecht machenden Inhalt weg – dann würde das recht gut passen zum besonderen Verhältnis des Schmähs zur Wahrheit.

Eine Freundin hat mir unterdessen noch eine Variante vorgeschlagen, die sogar ein paar Schritte weit in die Richtung der Bedeutungsverbesserung Sedlaczeks geht. Sie meint, der Schmäh sei das G'schichterl gewesen, das die Schmähung verwässert und dadurch für den Geschmähten und sein Umfeld erträglich gemacht hat. Die Erzählweise passt da eigentlich recht gut dazu.

Oder sollte der Schmäh gar nicht selbst schmähen, sondern geschmäht werden, weil er eine Lügengeschichte ist oder eine auf unseriöse Art erzählte Begebenheit, eine aufgeplusterte Belanglosigkeit? Könnte auch sein.

Übrigens kennt der Schmäh zwei weitere Varianten. Beide sind ein bisserl konkreter. Der Ansaschmäh ist der Schmäh, der einem in irgendeiner Situation sozusagen naturgemäß einfällt. Da preist beispielsweise ein Altwarenhändler ein paar morsche Sessel, die unter dem Gewicht eines Palmers-Unterwäschemodels zusammenbrächen, als „wirklich antik" an und bittet, etwas zurückzutreten, weil die perfekte Formgebung der Sitzmöbel nur aus größerem Abstand zu erkennen sei, was den angenehmen Nebeneffekt hat, dass man im Halbdunkel des Kellergewölbes die Wurmlöcher nicht sieht. Sofern der Kunde Wiener ist, wird er zu dem Händler sagen: „Net kumman S ma mi n Ansaschmäh." Der Ansaschmäh ist demnach ein simpler Schmäh, der leicht durchschaubar ist.

Eng verwandt mit ihm ist der Safaladischmäh. In Safaladi steckt das italienische cervello für Hirn. Denn aus dem cervello machte man seinerzeit die Cervellata, eine billige Wurst aus Innereien, zu denen auch das Hirn gehörte. Die Wurst existiert noch heute in ihrer kalabrischen, Mailänder und apulischen Variante, wenngleich mit anderen Ingredienzen. Die Zervelatwurst soll mit ihr verwandt sein. Einige Quellen behaupten auch, die Bezeichnung ginge auf cervo, Italienisch für Hirsch, zurück; ob Wildingredienzen in der Wurst waren, oder ob sie wie Wild gewürzt wurde, da gehen die Interpretationen auseinander. Jedenfalls war die Cervellata seinerzeit eine billige Wurst. Der Wiener Dialekt benützte den Ausdruck Safaladi für etwas Minderwertiges und Verlogenes, so, wie die Wurst eigentlich billig war, aber durch Gewürze in der Qualität aufgewertet schien. Ein Safaladibruada ist ein Mensch, der kein Vertrauen verdient, und der Safaladischmäh ist ein billiger Schmäh, der sofort als Lüge zu durchschauen ist.

Apropos Wurst, weil wir gerade bei dem Thema sind: „Mir ist das gleichgültig" heißt im Wiener Dialekt „des is ma wuascht." „Wuascht" ist „Wurst", und die Wurst ist der große Gleichmacher unter den Fleischwaren. Sehen Sie, das ist typisch Schmäh: Aus „gleichgültig" macht er „gleich", „gleich" assoziiert cr mit „alles gleich gemacht" und „alles gleich gemacht" mit der Wurst. Und warum dies? Nun: Um wieviel bildkräftiger ist eine Wurst als das abstrakte „gleichgültig"? Je bildkräftiger, desto schmähfreudiger.

Nur, bitte, eine vegetarische Wurst sollte es nicht sein, und schon gar nicht bei einem Würstelstand. Den Versuch hat es gegeben, und zwar auf dem Wallensteinplatz im 20. Wiener Gemeindebezirk. Nun ist die Wurst aber dem Wiener heilig. Es kommt nicht von ungefähr, dass der Artmann seine Sammlung von Wiener Feuilletons „Im Schatten der Burenwurst" betitelte. Der vegetarische Würstelstand wurde feierlich eröffnet. Am Anfang war er gut besucht, der vegetarische Würstelstand, so ein, zwei Wochen lang. Weil man's halt kosten wollte. War eigentlich gar nicht übel, wie ich im Selbstversuch erfuhr. Aber dem Wiener macht man kein wurstförmiges Trumm Seitan für eine Burenwurst vor, und ohne die „Eitrige", also die Käsekrainer, geht sowieso gar nichts. Schließlich war der Strom der Kunden ausgedünnt: Hin und wieder strömte halt ein Kunde vorbei. Dann wurde der Würstelstand längere Zeit renoviert, vielleicht, um den Wiener vergessen zu lassen, welcher besonderen Art diese Würstel waren. Jetzt verkauft der Würstelstand wieder Würstel aus echtem Fleisch.

Den Würstelstand ist dem Wiener sowieso heilig, so quasi ein Wurstdom ist er ihm, und die Einnahme des Feilgebotenen gleichsam eine Handlung des Glaubens. In der Umgebung eines Würstelstands geschehen demnach auch Wunder. Zum Beispiel eines des Geruchs. Wer immer von den höheren Mächten über die Wiener Würstelstände wacht: Er hat beschlossen, einen der besten ans Eck von Tuchlauben und Hohem Markt im Ersten Wiener Gemeindebezirk zu stellen. Die Kreuzung ist durch eine Ampel geregelt, die den Verkehrsteilnehmern in regelmäßigen Abständen Wartezeiten auferlegt. Zu den Verkehrsteilnehmern gehören daselbst, neben Fußgängern, Radfahrern, Autos und Autobussen, auch Fiaker, also die speziell bei Wien-Touristen beliebten Pferdekutschen. Weshalb die Pferde ausgerechnet diesen Ort erwählt haben, um mit breitem Strahl zu urinieren, weiß ich nicht. Aber es ist so. Diese Stelle ist ein Pferde-Pissoir. Dementsprechend riecht sie, speziell an heißen Tagen. Aufgrund dessen sollte man annehmen, dass der geruchsnahe Würstelstand unter dem betäubenden Duft leidet. Aber nun geschieht das Wiener Würstelstandgeruchswunder: Dieses lässt die Kunden des Würstelstands über den Pferdegeruch hinwegschnuppern, und was in die Nase steigt, ist nicht Pferd, sondern Bratgeruch von Burenwurst und Käsekrainer. Zu manchen Tageszeiten muss man sich anstellen, um zur Wurst zu kommen. Dann erlebt man es selbst, das Würstelstandsgeruchswunder, wenn man, aus dem Pferdegruch kommend, langsam eintaucht in den Duft der Wurst, zuerst noch in befremdlicher Mischung, dann verliert sich das Pferd, je näher man dem Würstelstand kommt, immer mehr und schließlich ganz, und man riecht nur noch die Wurst. Was könnte appetitanregender sein?

Bin ich jetzt wirklich von der Herkunft des Wortes Schmäh auf die Wurst gekommen? – Ja, so kann's gehen beim Schmähführen. Beim einen beginnt man, beim ganz anderen landet man, und der rote Faden dazwischen sind nur die Untiefen der Wiener Seele.

Was ich selbst nun zur Herkunft des Wortes Schmäh meine? Klingt feig, aber ich kann mich nicht festlegen. Die Herkunft aus dem Rotwelsch scheint mir nächstliegend. Die aus dem Jiddischen hätte Charme, denn das Wienerische hat zahlreiche jiddische Wörter aufgesogen, „Haberer" etwa, „Hawara" gesprochen (und uns durch den Hinweis auf Teuschls „Da Jesus und seine Hawara" ein Begriff) ist ein jiddisches Wort für Kumpel und gehört zum Standardwortschatz des Wieners, etwa, wenn er sagt: „I hob mi mid meine Hawara üwa d' Heisa ghaut." Die mittelhochdeutsche Variante ist zumindest argumentierbar. Muss man sich immer festlegen?

Natürlich geht man als Wiener irgendwann einmal auf die Suche in der Hoffnung, etwas ganz Klares, völlig Eindeutiges zur ur-wiener Art der Kommunikation, was sage ich: der ur-wiener Haltung zu finden. Aber ich gebe zu, ich bin auf nichts Besseres gestoßen als der Wehle und der Sedlaczek. Meine Suche konzentrierte sich auf Sprachen, die in den Ländern der Donaumonarchie gesprochen wurden und die Wörter enthalten, aus denen, in Verballhornung, der Schmäh hätte werden können.

Italienisch hatte ich als Möglichkeit erwogen, doch das bietet nur scimmia (Affe) und scimunito (Dummkopf). Um da eine Verwandtschaft zu konstruieren, müsste man sich so verrenken, wie es kein Zirkusartist schafft. Kroatisch bringt in Zusammenhang mit dem Schmäh gar nichts: šmarn heißt Schmarrn, ein Gericht, das im süddeutschen Sprachgebrauch auch als Synonym für Blödsinn steht. „A so a Schmarrn" entfährt es Österreichern und Bayern, wenn andere Deutschsprachige „Quatsch" sagen. Im Tschechischen heißt šmejd Schund. Der Schmäh – eine Schunderzählung? Möglich, aber auch da muss man sich arg verrenken.

Französisch war die Sprache des Hofes, und als der später geruhte, in Deutsch zu parlieren, blieb es die Sprache der Diplomaten. Übrigens bin ich ziemlich sicher, das etwas näselnde Deutsch, das in Adelskreisen gesprochen wurde und teilweise bis jetzt in Kreisen des heute ehemaligen Adels gesprochen wird und das man Schönbrunner-Deutsch nennt nach der Kaiserlichen Sommerresidenz Schloss Schönbrunn, dass also dieser spezifische Tonfall, der in vielen Facetten das Wienerische prägt, daher rührt, dass man Intonationen des Französischen auf das Deutsche übertragen hat. Doch in Sachen Schmäh ist Französisch Fehlanzeige. Chamelier kommt klanglich noch am nächsten – aber das bedeutet Kameltreiber, und cheminer heißt, seines Weges ziehen.

Mein Favorit ist indessen Ungarisch, nicht nur, weil das Wort Schmäh für mich einen ungarischen Beigeschmack hat, sondern auch, weil die Ungarn, wenn sie erzählen, und die Wiener, wenn sie schmähführen, ganz nahe Verwandte sind. Bloß gibt es kein ungarisches Wort, aus dem sich der Schmäh sinnvoll ableiten ließe. Oder doch? „Sumer" (s wird im Ungarischen wie sch gesprochen) heißt „sumerisch". Und ob am Hof des Königs Gilgamesch Geschichten und G'schichterln mit allerhand Übertreibungen und Unwahrheiten erzählt worden sind! Damals hat man es als Epos aufgezeichnet, später ist daraus, halt über das ungarische „sumer", der Schmäh geworden, also die Verballhornung eines ungarischen Wortes, das in diesem Zusammenhang soviel bedeutet wie eine Erzählung in der Art der Sumerer.

Ich geb' ja zu, den Schmäh von „sumer" abzuleiten, ist ein Ansaschmäh. Aber ich mag ihn.

Schmähohne[9].

56

Intermezzo: Beim Würstelstand

Beim Würstelstand auf dem Platz unter dem Ahornbaum. Später Sommerabend, wenig los.

- A Haaße mit an Gschissanan, a Semmö und a Sechzehna-blech.
- Do, bittschee.
- Daunke.
- …
- Au weh! Ui jeh, naa, des deaf do net woa sei!
- Wos hom S? Is eana schlechd? Is de Wuaschd z haaß?
- Naa, z haaß is net, owa schlechd is ma scho! Ruafns de Rettung, sogns, den Josef Kocourek hom s vagift, den miassn S den Mogn auspumpn. Wos is denn des fia r a Zeig fia r a grauslichtes? Des kau jo kana essn! Des is do ka Haaße net!
- Owa jo, kloa des is a Haaße, owa a vegedarische.
- Moch kane Schmäh!
- Schmähohne. Wissen S des net? Mia woan do groß in Be-ziaksblod: Der erste vegetarische Würstelstand von Wien. Gö, da schaun S.
- Na, hea auf! I wü a Haaße, net an Spinod, dea ausschaugt wia r a Haaße.
- Des is jo goa ka Spinod. Des is Weizn, Reismöö, Eadapfö und no so a Zeix.
- I wüü a Wuaschd, kan Reisauflauf!
- Des is owa xinda! Weu Fleisch unxund is, wissen S. Des haaßt s de gaunze Zeid. Neilich hom s as sogoa in Fean-sehn brocht. Drum hob i ma docht, mox d an vegedari-schn Wiaschdlstaund auf. No, und Feadarungan hod s aa gem.

57

- Fia r an vegedarischn Wiaschdlstaund?
- Kloa. Fia n „Bioniageist", hod's ghaaßn. Und do is s a jetzt, mei vegedarischer Wiaschdlstaund. Do schaun S auffe aufs Schüüdl, da steht Vürstel mit Vau wie vedschie, des haaßt vegedarisch. Hom S des net gsegn?
- Schoo, owa i hob glaubt, Sie hom sie vaschriam.
- Naa, des haaßt, bei mia kriang S Wiaschdl, owa xunde, vastengan S mi?
- Xund scho, owa draurich is des trotzdem, sea draurich. Wia bei eanare Viaschdl mit Vau. Den Vau, den fööd a Hakal fia r a We, daun warat n s richtige Wiaschdl, owa wia den Vau des Hakal zu n We fööd, fööd Eanare Via-schdl mit Vau dcs Flcisch fia r a Wiaschdl mit W.
- Owa xund san s.
- Jo eh. Xund san s, weu ma s net essn kau. Und wos ma net isst, des kau an aa net kraunk mochn.

WEIN, WIEN UND DER SCHMÄH

Das muss ich Ihnen jetzt erzählen:

Wien und der Wein – der Wein und Wien. Man möchte glauben, der eine sei das andere und umgekehrt. Gibt es eine andere Stadt, die ähnlich in Zusammenhang mit einem Getränk steht? Der Wiener ist gemütlich und genießt seinen Wein, oder er genießt den Wein und ist deshalb gemütlich, und die Wienerin tut es dem Wiener gleich. Wer wollte da Ursache und Wirkung benennen?

Nur einmal gefragt, und keineswegs nebenbei: Haben Sie schon einmal einen echten Wiener Wein probiert?

Keineswegs will ich den Wiener Wein schlechtmachen, überhaupt nicht. Aber dass Wien die Hauptstadt des Weins ist – ich behaupte, das hängt mit den deutschen Wörtern zusammen. Da genügt es ja, zwei Buchstaben umzustellen, schon ist aus dem einen das andere geworden. Von Paris können Sie noch so viele Buchstaben umstellen, und es wird doch keine Crème de Menthe daraus. So ist das mit Wien und dem Wein, sage ich. Und wenn's ein Schmäh ist!

Wobei es schon stimmt, dass Wien die einzige Hauptstadt weltweit ist, in der Winzer ihren Wein anbauen. Sie bummeln über den spätsommerlichen oder frühherbstlichen Graben, und wenn Sie nach dem Gustieren beim Nobel-Delikatessengeschäft Meinl Lust bekommen haben auf ein paar frische Trauben, dann pflücken Sie sich einfach eine von den Reben, die links und rechts der Flaniermeile wachsen. So, wie in anderen Städten die Ränder der Prachtstraßen mit Bäumen bepflanzt sind, so wachsen am Straßenrand in Wien die Weinstöcke.

Jetzt mischt sich die Lektorin meines Vertrauens wieder einmal ein (ganz ungefragt, gelt?): Ich soll mit solchen Dingen nicht schmähführen, sagt sie, am Ende, sagt sie, glaubt wirklich noch jemand, Wien sei ein einziger Weingarten.

Jo, eh …

Wobei – eigentlich … Eigentlich müsste ich wirklich vorsichtiger sein bei Wien und dem Wein. Sie haben den Schmäh gleich durchschaut, nicht wahr? Aber ich sollte bei Wien und dem Wein gar nichts voraussetzen. Das war eine Lektion, die mir Norman erteilt hat. Norman war ein Freund von mir, Amerikaner; leider ist er vor ein paar Jahren bei einem Autounfall ums Leben gekommen. Er war in der letzten Klasse der Mittelschule unser Native Speaker gewesen, im Wiener Schülerjargon „das Beiwagerl". Er hatte den Auftrag, ja kein deutsches Wort zu sprechen, um uns zu nötigen, in Englisch zu denken. Norman war keine fünf Jahre älter als wir. Er und ich freundeten uns an, weil wir beide mit Begeisterung in die Oper und ins Konzert gingen. Nach der Matura blieben wir in Kontakt, und das auch dann noch, als Norman in die USA zurückgekehrt war.

Ich habe ihn immer noch vor mir: Groß, schlaksig, vorspringende Nase, dichtes schwarzes Haar, schwarz glühende Augen. Was ich Ihnen über Norman gleich erzählen werde, könnte Sie zu einem falschen Schluss verleiten. Sie könnten am Ende glauben, Norman wäre ein naiver Ami gewesen, einer von denen, die, dem Klischee entsprechend, mit großen staunenden Augen durch Europa stolpern.

Ein bisschen mag das, zugegeben, sogar stimmen. Zum Beispiel liebte Norman die Oper, und ganz besonders Richard Wagners „Parsifal". In der Schlussszene sollte, so sieht es der selbst dichtende Komponist vor, aus Himmelshöhen die Friedenstaube herabflattern. Da diese Szene auf der Bühne weniger einen besinnlichen als einen hoch komischen Eindruck erwecken könnte (und Tauben in Städten, die groß genug sind, ein Opernhaus zu beherbergen, das „Parsifal" zu meistern vermag, obendrein eher eine Plage darstellen als Abgesandte des Heiligen Geistes), lassen praktisch alle Regisseure, ob sie nun der modernen oder der traditionellen Inszenierungsweise zuneigen, die Taube sicherheitshalber weg – zu Normans Leidwesen. Norman hätte so gerne eine Taube am Schluss des „Parsifal" gesehen. Als ihm das nicht gelang, kaufte er für eine Unsumme auf dem Schwarzmarkt eine Karte für eine „Parsifal"-Aufführung in Bayreuth. Er war überzeugt, an Wagners Weihestatt endlich der Taube ansichtig zu werden. Doch weit gefehlt: Er sah eine avantgardistische „Parsifal"-Deutung, und letzten Endes war die fehlende Taube noch am ehesten zu verschmerzen für Norman. Aber das nur am Rande, um Ihnen Norman in seiner Art ein wenig näher zu bringen. Seiner Ausbildung nach war er, als er unser Beiwagerl war, Student der Germanistik, später machte er ein Doktorat. Sein Spezialgebiet war Goethe, speziell der „Faust" und die späte Lyrik. Norman war wirklich kein Trottel.

Damit zurück zu Wien und dem Wein und eben Norman. Irgendwann erzählte mir Norman, seine erste Begegnung mit Wien sei unbefriedigend verlaufen. Norman war nämlich überzeugt gewesen, die Stadt sei im Grund ein einziger Weingarten.

Sein erstes Flanieren über die Kärntnerstraße enttäuschte ihn. Er hatte sich vorgestellt, die Straße sei von Weinstöcken überwölbt und überall würden Trauben hängen. Jetzt sah er, dass davon keine Rede war. Aber es blieb ja immer noch der Stephansdom: Auf einem Hügel würde er stehen, an dessen Hängen sich dicht an dicht die Reben drängen. Dass der Stephansdom in Wahrheit nicht einmal auf einem Hügel steht, war für Norman unfassbar gewesen, und die Abwesenheit von Weinstöcken stürzte ihn nahezu in eine Depression. Ich fragte ihn, ob er diese Vorstellung aus einem Reiseführer geschöpft habe. Ja, gewiss, zwar nicht wörtlich, aber er habe gelesen, welchen Stellenwert der Wein in Wien einnimmt und dass in der Stadt Wein angebaut wird.

Für solche Vorstellungen, die man aus Unkenntnis der tatsächlichen lokalen Gegebenheiten schöpft, habe gerade ich volles Verständnis: Vor einem Urlaub auf den Orkneys las ich in einem Reiseführer, auf diesen Inseln würden im Sommer Papageitaucher brüten. Die Information ist korrekt. Aber vor meinem geistigen Auge sah ich diese Clowns unter den Seevögel im Hafen von Stromness herumdümpeln wie anderswo die Möwen; im nächsten Bäckerladen könnte ich Bere Bannocks[10] erstehen, weil es ohnedies kein anderes Gebäck gäbe, dort auf den Orkneys, und damit würde ich die Papageitaucher füttern. Soll ich Ihnen was sagen? – Keine Papageitaucher in Stromness. Die brüten nur auf den Klippen weit entfernt von Ansiedlungen, und sie sind sehr scheu. Was soviel bedeutet, dass ich sie nicht einmal dann mit Bere Bannocks hätte füttern können, wenn ich Bere Bannocks aufgetrieben hätte. Doch, nach ein paar Tagen fand ich dann einen Laden, der welche hatte. Der herb scharfe Geschmack der Gerste freilich – also, ich bin mir nicht sicher, ob die Papageitaucher Bere Bannocks überhaupt angerührt hätten, wenn ich sie, wären sie im Hafen von Stromness auf den Wellen gedümpelt und weniger scheu gewesen, als sie nun einmal sind, damit gefüttert hätte. Zumal die bevorzugte Mahlzeit des Papageitauchers der Sandaal ist. Wer Bere Bannocks gekostet hat, kann den Papageitaucher durchaus verstehen.

Aber ich merke, ich schweife ab von Wien und dem Wein, wenngleich nicht ganz vom Schmäh. Zurück zu Norman und wie es zu seiner Idee vom Weinberg mitten in Wien kam.

Die Sache hängt mit der Stadtgrenze zusammen. Tatsächlich geht Wien in den Hügeln seiner nordwestlichen Außenbezirke in eine ländliche Gegend über. Dort, an den Hängen des Kahlenbergs und des Nussbergs, wird tatsächlich echter Wiener Wein angebaut. Grinzing, Heiligenstadt, Neustift am Walde, Nussdorf, Salmannsdorf und Sievering sind kleine Orte, die in den letzten zehn Jahren des 19. Jahrhunderts in die wachsende Stadt eingemeindet wurden. Ihr dörfliches Erscheinungsbild haben sie bis heute bewahrt – und auch ihr wesentlichstes Produkt seit alter Zeit, eben den Wein.

Den haben wir den Römern zu verdanken. Kaiser Probus soll ihn eingeführt haben. Damit hat er sich, wenn schon mit sonst sehr wenig, doch nachhaltig der Historie eingeschrieben.

Zumal ja Wien schon im Lateinischen die Stadt heißt,

in der man guten Wein bekommt: In Vindobona stecken schließlich die lateinischen Wörter vinum (Wein) und bonus (gut). Die Ableitung liegt auf der Hand: Vinum bonum – Vindobona – Wien. Die Römer haben's gewusst.

Jo, eh, oh Lektorin meines Vertrauens, ich sag' sowieso schon, dass das ein Schmäh ist. Aber versuchen darf man's doch. Hätten Sie ihn mir abgekauft? Wenn nicht, gehören Sie zu der Minderheit derer, denen ich ihn aufgetischt habe. Die Ähnlichkeit der Wörter ist zu verblüffend, um ihn nicht zu versuchen, diesen Schmäh. Wien leitet sich zwar wirklich von Vindobona ab, aber Vindobona hat mit vinum bonum nichts zu tun, sondern ist latinisiertes Keltisch: Uindo bedeutet weiß, bona heißt Quelle, Fluss oder Siedlung. Da nicht anzunehmen ist, dass die Kelten „Donau, so weiß" gesungen haben (und damit ungefähr so weit neben den Tatsachen gelegen wären wie der Johann Strauß mit „Donau, so blau"), dürfte Vindobona „weiße Siedlung" bedeutet haben. Die Römer haben übrigens meistens Weißwein getrunken ... – jo, eh, oh Lektorin meines Vertrauens, ich geb's sowieso schon auf.

Nur soviel noch: Ob die G'schicht' stimmt, also ob es wirklich der Probus war, der den Wein in unsere Gegend gebracht hat, oder ob sie ein Schmäh ist, bleibt ungeklärt. Mit dem Wein hat er's jedenfalls gehabt, der Kaiser Probus: Laut der Historia Augusta hat er allen Einwohnern Galliens, Hispaniens und Britanniens erlaubt, Reben zu besitzen und Wein herzustellen. Ja, genau, auch den Britanniern. Dass er das Ergebnis selbst verkostet hat, scheint unwahrscheinlich, sonst hätte er wohl seine Erlaubnis in diesem Fall wohl wieder zurückgezogen. Da der Wein ab der Regentschaft des Probus zunehmend wichtig wird in der Provinz Pannonia[11], kann sein Anbau wirklich auf jenen Probus zurückgehen. Jedenfalls ehrt Wien das Angedenken des Kaisers seit 1894 mit der Probusgasse im 19. Wiener Gemeindebezirk. In ihr liegt ein Heuriger neben dem anderen. Und wenn sie einen Wiener fragen, welche römischen Kaiser er kennt, lautet die Antwort: Probus, Caesar, Nero. Und zwar in dieser Reihenfolge.

Ja, der Heurige, die Wiener Weinoase. Ich will Ihnen jetzt nicht mit einer Kulturgeschichte des Heurigen kommen. Wenn ich damit anfange, kann ich Ihnen über den Schmäh nichts mehr erzählen. Die füllt nämlich ein eigenes Buch. Nur ganz kurz: Außerhalb Österreichs bezeichnet man eine solche Lokalität als Buschenschank. Kaiser Joseph II., ein großer Reformator mit teils skurrilen Ideen, dem wir noch in Zusammenhang mit der „scheenen Leich" begegnen werden, erließ 1784 eine Verordnung, derzufolge Hauer[12] ihren eigenen Wein ohne Lizenz ausschenken können. Zuvor war das eine Weinausschank zweimal im Jahr gewesen, ein Mal als eine Art lokale Weinverkostung, und das zweite Mal – nun: Fässer waren teuer, und so mussten die, in denen noch Wein war, für den neuen Wein geleert werden.

Das Wort „heuer" heißt im österreichischen Deutsch „in diesem Jahr", der Heurige schenkt also im Prinzip (das betone ich jetzt, das „im Prinzip") Jungwein aus, einen unfertigen Wein, der sehr frisch und leicht schmeckt. In Österreich heißt er, wie der Ort seines Ausschanks, „Heuriger", die Italiener bezeichnen ihn als novello, die Franzosen als nouveau oder primeur. Der Heurige ist meist ein Weißwein, und zwar die ertragreichste österreichische Sorte, der Grüne

Veltliner, oder, besonders in Wien beliebt, der Gemischte Satz. Der Gemischte Satz ist eine Wiener Spezialität: Eine Art gewachsene Cuvée.

Ja, ich merke, ich komme jetzt auf den Weinbau, und auch der verlangt – mindestens – ein ganzes eigenes Buch, aber der Gemischte Satz gehört zum Heurigen dazu und damit zum Schmäh.

Bei der Cuvée werden mehrere Weine gemischt. Beim Gemischten Satz werden die unterschiedlichen Sorten bereits gemeinsam angebaut. Der Gemischte Satz muss aus mindestens drei verschiedenen Rebsorten bestehen.

Was daraus gemacht wird, ist halt wie bei jedem Wein: Es liegt am Ausbau. Der Gemischte Satz kann ein ziemlicher Sauerampfer sein, aber auch ein eleganter Wein mit eigener Stilistik.

Der Wiener Weinkultur hat der Gemischte Satz jedenfalls gut getan. Erinnern Sie sich, dass ich Sie fragte, ob Sie schon einmal echten Wiener Wein probiert haben? Das hat seinen Grund. Typisch für den Wiener Wein war bis vor kurzem der Brünnerstraßler, ein Grüner Veltliner aus der Gegend der Brünnerstraße in Floridsdorf, die nach Nordnordosten zu aus Wien hinausführt. Wenn man den Brünnerstraßler als „resch" bezeichnet, ist ein herkömmlicher säurebetonter Wein ein süßlicher Dessertwein dagegen.

Was im Prinzip aber nicht wirklich was macht, denn beim Heurigen trinkt man den Wein meist g'spritzt. In dieser Form ist ein Brünnerstraßler an einem heißen Abend eine wunderbare Erfrischung. Was den nun betrifft, den G'spritzten, so ist er halt sehr charakteristisch für den Wiener. Schauen Sie, der Wiener, das hab' ich Ihnen ja schon ein paar Mal gesagt, der Wiener, der will seine Ruh haben, und so recht entscheidungsfreudig ist er auch nicht, er bleibt gern ein bisserl im Ungefähren, grade Linien mag der Wiener nicht wirklich, er mag die kleinen Gasserln mit ihren Bogen und Winkerln, drum hält er's ja auch mit dem Schmäh. Und da kommt der G'spritzte grad recht: Das Prickeln des reinen Sodawassers wär' zuviel Aufregung beim Trinken, die Entscheidung, ob Wasser oder Wein kann man gerade an heißen Abenden auch nicht wirklich verlangen vom Wiener. Darum liebt er den G'spritzten: Der Wein mildert das Prickeln, das Wasser die Säure des Weins, und überhaupt braucht sich der Wiener nicht entscheiden zwischen Wasser und Wein. Vielleicht hat er's ja auch von den Römern übernommen, die tranken ihren Wein nur mit Wasser verdünnt. Wer ihn pur trank, galt als Säufer. Als mein Großvater allerdings bei einem Heurigenabend sah, wie sein Schwager Sodawasser in den Wein goss, sagte er: „Du bist es nicht wert, dass der Herrgott einen Wein wachsen lässt." Auch das gibt's. Und mittlerweile kommen Menschen mit solcher Einstellung auch beim Heurigen auf ihre Kosten, denn, wie ich zuvor schon angedeutet habe, schenkt man längst nicht mehr nur jungen Wein aus, sondern auch fertig ausgebauten. Der sorgt oft für freudige Überraschungen. Wie gut, dass man sich ein Flascherl und mehr mitnehmen kann!

Nachdem Sie jetzt so geduldig waren mit mir, dank Norman wissen, dass der Wein nicht auf der Kärntnerstraße wächst (und die Papageitaucher nicht im Hafenwasser von Stromness dümpeln), einen kurzen Abriss über die Geschichte des römischen Reichs in Pannonien über sich ergehen ließen, ein paar Vororte Wiens zumindest namentlich kennengelernt haben und eine fast ansatzweise profunde Einführung in die Önologie ertragen haben, nehme ich Sie jetzt mit zu einem Wiener Heurigen.

Da sind wir also in Salmannsdorf. Sicher, wir hätten auch nach Grinzing gehen können, aber an Tagen wie dem heutigen ist es dort völlig überlaufen. Bei einem Heurigen dicht an dicht sitzen wie die Spatzen auf einem Telefondraht, das g'hört sich nicht. Beim Heurigen will man's gemütlich haben und dem Anderen nicht auf dem Schoß sitzen, sondern ihm nur grad so nahe sein, dass man schmähführen kann – oder auch nicht, wenn er oder man selbst keine Lust darauf hat. Salmannsdorf ist eine gute Wahl, Neustift am Walde oder Nussdorf könnten wir auch einmal machen.

Der Tag war heiß, und der Abend ist immer noch ziemlich warm. Da tut's gut, ein lauschiges Platzerl an einem der langen Holztische zu suchen, die im Schatten der Nussbäume stehen. Die Tischplatten sind oft ein bisserl pickert[13]. Warum das so ist, habe ich nie herausgefunden. Vielleicht hängt das mit der Imprägnierung zusammen, wenn sie warm wird. Schmutzig sind die Tische nicht, die Heurigen sind so sauber wie jeder andere Gastronomiebetrieb in Österreich.

Bequem sitzen tut man nicht auf den Holzbänken, die mit dem Tisch fest verbunden sind? Na ja, Rückenlehne haben sie keine, weil man ja sonst über die drüberkraxeln müsste, um sich niederzusetzen. Aber warten Sie's ab, nach dem ersten Glaserl G'spritzten sitzt sich's angenehmer als in einem Fauteuil, glauben Sie mir.

Die Kellnerin kommt, bei ihr bestellen wir das Getränk: einen halben Liter Wein und einen Liter Sodawasser, da kann man nach eigenem Geschmack mischen. Nachbestellen können wir jederzeit.

Fürs Essen ist die Kellnerin nicht zuständig, das holen wir uns am Buffet. Früher hat's beim Heurigen nur Wein und Wasser gegeben, das Essen hat man selbst mitgebracht. Ende der 1960er-Jahre haben dann die ersten Heurigen begonnen, einfache Sachen zum Essen anzubieten: Brot, Gebäck, Stelze, Würstel, Krautsalat, Erdapfelsalat, viel mehr war's nicht. Heute kann man beim Heurigen ganz ausgezeichnet essen.

Also, nehmen Sie bitte ein Tablett, Besteck und Serviette nicht vergessen, und jetzt kommt's nur noch drauf an, worauf Sie Gusto haben: Kümmelbraten vielleicht oder Surbraten? Eine Scheibe G'selchtes oder ein Bügerl[14]? Natürlich gibt's auch Schnitzel und Fleischlaberl[15]. Dazu einen Erdapfel- oder einen Krautsalat? – Der Linsensalat schaut genau so schön aus. Von den Salzgurken müssen Sie welche nehmen, die gehören dazu zu einem Heurigenessen. Und die Brote mit Aufstrichen – eine feine Sache, sage ich Ihnen! Schmalzbrot und Butterbrot mit Schnittlauch ist etwas ganz Einfaches und schmeckt herrlich zu dem frischen Wein. Wollen sie Verhackerts[16] probieren? Kennen Sie Liptauer? Den sollten Sie versuchen, eine würzige Verführung! Liptauer, das ist ein Aufstrich aus Brimsen, einem ziemlich salzigen Schafstopfen, Butter, Paprika, Kümmel und Zwiebel. Manche verfeinern ihn mit Kapern oder Sardellen. Zum Liptauer muss ich Ihnen dann was erzählen, wenn wir wieder am Tisch sind. Jetzt will ich Sie nur darauf aufmerksam machen, dass es beim Heurigen auch eine feine Mehlspeis' gibt, einen Kaiserschmarrn etwa, und, da schau, heut' haben sie einen Millirahmstrudel, halten Sie sich für den ein Platzerl frei. Gezahlt wird gleich an der Kassa. Danach muss man nur noch das Tablett zurück zum Tisch balancieren, weshalb es nur Heurigen-Artisten voll beladen sollten. Man kann ja jederzeit wieder einen Abstecher zum Buffet machen.

Falls es mit dem Gleichgewicht nicht hapert, heißt's. Ich verrat' Ihnen nämlich was: Der G'spritzte ist ein Mistviech. Der trinkt sich wie eine g'schmackige[17] Limonade. Aber Alkohol enthält er. Merken tut man's nicht beim Trinken, erst beim Aufstehen. „Wenn ich mit meinem Dackel / von Grinzig heimwärts wackel[18]", hat der Peter Alexander gesungen. Das hat seine Ursachen, das Wackeln.

So, jetzt sitzen wir wieder, jetzt erzähl' ich Ihnen die G'schicht vom Liptauer. Meine Großmutter, also jene Person, die mich als erste mit dem Schmäh in Berührung brachte, machte den besten Liptauer aller Zeiten. Dafür lege ich meine Hand ins Feuer. Wieso er bei ihr so gut war – ich kann es nicht sagen. An sich ist Liptauer keine Hexerei, nichts, wofür man Kochkurse machen muss. Sie hatte einfach im Griff, wieviel wovon zu verwenden war. Darauf kommt es bei den einfachen Gerichten an, und was Wiener Küche betrifft, war sie so unschlagbar, wie nur eine echte Wiener Großmutter sein kann.

Allerdings hatte sie gewisse Abneigungen. Salami zum Beispiel war „das italienische Wuaschtzeig, von den kana waaß, wos drin is". Als ob sie es bei der Extrawurst eher gewusst hätte. Mit einem etwaigen Misstrauen gegen ausländische Produkte gemäß dem Motto „was der Bauer nicht kennt, frisst er nicht" hing das nicht zusammen, sie mochte nämlich auch gewisse heimische Produkte nicht. Honig zum Beispiel kam ihr nicht in die Küche, und bei der Marmelade kannte sie nur Marillenmarmelade – und natürlich Powidl[19]. Und obwohl Powidl der Wiener Marmelade-Definition zufolge eigentlich eine Marmelade wäre, ist der Powidl in Wien immer nur Powidl. Dem Wiener ist diese Inkonsequenz völlig Powidl, was soviel heißt wie: sie ist ihm wurscht, also gleichgültig, hochdeutsch gesagt.

Was meine Großmutter nun aber noch weniger mochte als Salami, Honig oder Orangenmarmelade, das war Schafskäse. Und der Hauptbestandteil des Liptauers ist nun einmal Brimsen. Meine Großmutter hatte sich nie gekümmert, woraus Brimsen besteht. Ihre Mutter hatte den Liptauer mit Brimsen gemacht und deren Mutter auch, weil's so gehört, da hat meine Großmutter gar nicht lang gefragt, was Brimsen ist, das war für sie einfach ein Liptauer-Bestandteil. Ich gäbe etwas drum, hätte ich das Gesicht meiner Großmutter gesehen, wie sie beim Greißler[20] zwei Häuser weiter zufällig erfahren hat, was Brimsen ist. Ich könnte Ihnen dann beschreiben, ob ihre Miene eher Erstaunen oder Entsetzen ausgedrückt hat. Ich stelle mir vor, sie hat den Kopf etwas gesenkt wie ein Stier, der zum Angriff übergeht; ich stelle mir vor, sie hat die Augen nach oben gewendet, so, als würde sie über den Rand einer Brille blicken, obwohl sie die Brille nur zum Lesen gebraucht hat; ich stelle mir vor, ihre Lippen wurden so dünn, dass sie eigentlich unsichtbar waren, und dann, stelle ich mir vor, hat sie gesagt: „Dazön S ma kan Schmäh, a Brimsn is do ka Schafskas!" – „Owa wos denn sunst?", wird, stelle ich mir vor, die Greißlerin geantwortet haben. „Schmähohne?", wird meine Großmutter ihrer Sache weniger sicher und mit etwas erhobenerem Kopf gefragt haben. Das völlig ernst zurückgegebene „Schmähohne" der Verkäuferin, so sie es gesagt hat, aber vorstellen tu' ich es mir halt, beendete mit drei unvergessbaren Silben das Thema Liptauer im Haushalt der Marianne Faschinka. Und leider nicht nur das Thema, sondern auch den allerbesten Liptauer aller Zeiten.

Das heißt: nicht ganz. Auf vielfache Bitten meiner Mutter machte meine Großmutter noch ein, zwei Mal Liptauer, aber mit einem normalen Kuhmilch-Topfen. Sie fand zwar, dass er jetzt endlich wirklich gut sei, sie habe sich ohnedies immer gewundert, warum man ausgerechnet diesen Brimsen dazu braucht, aber jetzt war für meine Mutter und mich das Thema Großmutters Liptauer beendet. Er schmeckte einfach nicht mehr.

Ah, und da kommt schon die Heurigenmusi', grad' recht. Früher hat's in Nussdorf die Drei Spitzbuben gegeben, die alte und neue Wienerlieder mit Kabarett mischten. Ein paar Gruppen haben versucht, das nachzumachen, aber es ist nie wieder so geworden wie bei den Drei Spitzbuben, die ihren tiefen Schmäh[21] so bringen konnten, dass man wirklich lachte.

Heute aber singen uns richtige Heurigensänger was vor. „Mei Muatterl war a Weanarin" von Ludwig Gruber „Jetzt trink' man no a Flascherl Wein" von Carl Lorens, dann kommt „Ich kenn' ein kleines Wegerl im Helenental" von Alexander Steinbrecher. Der Schmäh kriegt bei solcher Musik seine besondere Note, nostalgisch, gefühlsbetont wohl, aber die Musiker sind sehr gut, deshalb gleiten die Lieder nicht ins Süßliche ab, sondern sie bleiben resch. So passen sie grad recht zum heurigen Brünnerstraßler und dem Gemischten Satz. Und jetzt kommen die zwei Lieder, die immer dabei sein müssen, und wenn sie nicht dabei sind, dann verlangt sie einer der Gäste, und sein Wunsch wird garantiert erfüllt:

Es wird a Wein sein,
und wir wern nimmer sein,
drum miaß ma s lebn
so lang s uns gfreut.
S wird schöne Maderl gebn,
und wir wern nimmer lebn,
d'rum greif ma zua,
g'rad is s no Zeit.

Das ist das eine, auch dieses stammt von Ludwig Gruber. Das andere Heurigenlied, das hat der Hans Moser einzigartig gesungen, oder vielmehr gesprochen. Reinkarnationslehre ist es, aber auf Wiener Schmäh gebracht, und der verpackt die Philosophie weingeistreich:

I muaß im frühern Lebn eine Reblaus gwesen sein,
Ja, sonst wär' die Sehnsucht nicht so groß nach einem Wein.
Drum tu den Wein ich auch nicht trinken, sondern beißen.
I hob den Rotn grod so gearn als wie den Weißn.
Und schwörn könnt ich, dass ich eine Reblaus gwesn bin.
Ich weiß bestimmt, ich hab gehaust in einem Weingarten bei Wien.
Drum hab den Gumpoldskirchner ich so vom Herzen gern,
Und wann i stiab möcht i a Reblaus wieda werdn.

Wir merken, dass selbst beim Heurigen der Tod Einkehr hält. So ist das in Wien. Wien, Wein und der Tod, das ist der Boden, auf dem der Schmäh wächst. Warten Sie nur, bis wir zur „scheenen Leich" kommen und zum Georg Kreisler. Aber keine Sorge, jetzt, beim Heurigen, macht er Feierabend, der Tod. Dort sitzt er im Schatten unterm Birnbaum, die Sense hat er an den Tisch gelehnt und lässt sich den Gemischten Satz schmecken, und, wenn man genau hinhört, summt er die „Reblaus" mit.

Was mich betrifft: Wenn ich Wienerlieder höre, steigen mir Tränen in die Augen. Ich weiß nicht warum. Es ist halt so. Aber ich merke: Bei Ihnen rennt der Schmäh sowieso schon, da macht's gar nichts, wenn ich jetzt einmal unauffällig ein Taschentuch zücke und ganz schmähstad bin.

Schmähohne.

Intermezzo: Im Stammbeisl

Im Stammbeisl an einem der vorderen Tische.
- Hea Wiat! Gehn S, kumman S amoe hea, bitte.
- Bittschön, Sie wünschn?
- Sogn S amoe, wos soe denn des sei?
- A Gulasch mit Nockal, wia Sie s bstööt haum.
- Des is sei Lebtog ka Gulasch net. Da Soft is vü z dinn fia r a Gulasch. Des is a Gulaschsuppn.
- Des is ka Gulaschsuppn, des is a Gulasch. A Gulaschsuppn hob i net amoe auf da Koatn.
- Daun vakaufns a Gulaschsuppn fia r a Gulasch.
- I sog Ihnan, des is a Gulasch.
- Nia in Lebn. Des is a Gulaschsuppn.
- I waaß owa bessa oes wia Sie, dass des a Gulasch is. Grod mei Koch is quasi voabestimmt fia r a Gulasch.
- Wiaso denn des? Owa kumman S ma net mi n Ansaschmäh!
- Eh net. Vurige Wochn hob i mein Koch außegschmissn.
- Ah so? Und?
- Dea hod wos augfaungt mit da Franzi. Des mog i net in mein Lokal. Jetzt san s eh zsamm, de beidn. Ea kocht jetzt fian Oedn Heller. Jetzt is ma des wuscht, des mit da Franzi. Owa a Pantscherl am Oaweitsplotz is nie guat.
- Recht ham S. Und wos is jetzt mi n Gulasch?
- No, i hob gschwind an Koch braucht. Mei Frau und i, wia kochn beide net schlecht, owa fia s Lokal … Amoe oda zwamoe de Wochn geht, owa jedn Dog – net fia vüü Gööd.
- Jo, und?

- Da Wiat von Oedn Heller, da Willi, des is a Hawara von mia. Ea woa bei mia Trauzeuge und i hob eam noch n Dod von seina Frau bei mia zwaa Wochn wohna lossn, bis a wieda auf d Fiaß kumman is. Dea woa jo gaund deschparat domoes. I hob eam gfrogt, den Willi, ob ma de Kech tauschn kenntn. Ea nimmt mein Koal, und i nimm sein Koch.

- I vasteh imma no net, wiaso jetzt de Suppn a Gulasch sei soe.

- Wissen S, wia da Koch haaßt, den wos i von Willi hob?

- No?

- Kovács István. Und wissen's, wo a heakummt? Aus Sopron.

- Jetzt is ma ollas kloa. A Ungaa kaun do ka Gulasch kochn. Do brauxt an Weana dafia. Neman S de Gulaschsuppn wieda mit und bringan S ma a Schnitzl.

Der erste Schmähtandler

Das muss ich Ihnen jetzt erzählen:

Wann der Schmäh erfunden worden ist und wer den Schmäh erfunden hat, dafür gibt es kein Datum, weder einen Tag noch eine Jahreszahl. Der Schmäh ist gewachsen wie die Sage und das Märchen. Genau so sehr wie diese beiden sträubt er sich eigentlich dagegen, aufgeschrieben zu werden. Ein aufgeschriebenes Märchen, eine aufgeschriebene Sage ist das halbe Vergnügen. Märchen und Sagen wollen erzählt werden. Auch der Schmäh nimmt einen mündlichen Verlauf, er ist eine Form der Kommunikation. Wenn der Schmäh rennt, dann bedeutet das eine gute Unterhaltung. Wenn man den Schmäh aufschreibt, hält man ihn eigentlich am Hosenbund fest. Dann ist es vorbei mit dem Rennen. Dann verkommt er am Ende gar zum Witz.

Der erste Schmähtandler freilich, den kann man benennen. Der erste Schmähtandler, der richtig einer war, der dürfte der liebe Augustin gewesen sein. Darf ich Ihnen die G'schicht' erzählen samt dem ganzen Drumherum? Da kriegen Sie auch gleich was zu hören über Wien und den Tod. Der Tod ist sowieso so quasi das Doping für den Schmäh. Da rennt er ganz besonders gut. Aber nicht erschrecken, in Wien ist er ein Gemütsknochenmann.

Was ein Schmähtandler ist, muss ich noch erklären.

Ahorner und der Wehle schlagen beide „Lügner" und „Auf-schneider" vor. Sedlaczek kommt meinem eigenen Empfinden näher mit „unseriöser Mensch, Geschichtenerzähler". Am besten trifft es Teuschl mit „Schwadroneur". Das Wort gilt als veraltet. Man sollte es verjüngen, indem man es wieder verwendet. Ein Schwadroneur ist einer, der kleine Geschichten so erzählt, als wären sie welterschütternde Ereignisse. Ein Schwadroneur macht aus der Mücke den Elefanten, indem er sein G'schichterl entsprechend würzt, und beileibe nicht alles davon muss wirklich glaubhaft sein. Das muss einer können. Auf Wienerisch heißt solch einer Schmähführer oder Schmähtandler.

Zurück zum lieben Augustin. In der Schule hab' ich noch gelernt, das sei eine reine Sagengestalt, der liebe Augustin sei so historisch wie die Donau blau. Aber just da könnte es umgekehrt sein: Was nach Schmäh ausschaut, könnte stimmen, und was sich wie eine geschichtliche Tatsache ausnimmt, könnte der Schmäh sein. Einen Augustin hat es nämlich wirklich gegeben, den kann man heute nachweisen. Stegreifdichter war er, Bänkelsänger und Sackpfeifer. Nur ob das G'schichterl stimmt, das man über ihn erzählt oder das er gar selber in die Welt gesetzt hat, das steht auf einem anderen Blatt.

Verwirrend? Na schön, der Reihe nach, was, wir wollen's ja historisch machen (jo, eh), im konkreten Fall heißt, ganz am Ende anzufangen, nämlich mit dem Tod. Der Tod passt, wie gesagt, sowieso zu Wien und dem Schmäh. Wir werden es später noch sehen.

Die Wiener haben schon früh begonnen, alles aufzu-schreiben. Vielleicht haben sie sich gedacht, bei all dem

Schmäh, der da rennt, weiß am End' keiner mehr, was wahr und was Schmäh ist. Was nicht heißen soll, dass nicht auch manch Aufgeschriebenes Schmäh ist. Aber der Tod ist den Wienern eine Passion. So haben die Wiener schon früh städtische Totenschauprotokolle angelegt. Eines davon verzeichnet am 11. März 1685: „Der Augustin N., sakhpfeiffer, ist auf freyer gassen in der Herren Gassen an der lungl beschaut, alt bey 40 jahr."

Damit kann man ein bisserl was anfangen. Der Tote ist offenbar der Marx Augustin. Marx ist die alte Wiener Form des Namens Markus. Davon leitet sich heute noch der Name eines Viertels im Dritten Wiener Gemeindebezirk ab. Touristen, die mit den Wiener Namen weniger vertraut sind, wundern sich da oft. „Hat man bei Euch wirklich den alten Kommunisten heiliggesprochen?", fragte mich einmal ein norwegischer Freund. Das Viertel, in dem früher das große Schlachthaus stand und das jetzt einige Universitätsfakultäten, Medien- und Telekommunikationsbetriebe beherbergt, heißt nämlich Sankt Marx. Was freilich nichts mit dem Autor des „Kapital" zu tun hat, sondern mit einem Siechenhaus, das der Lazarus-Orden im 13. Jahrhundert an dieser Stelle errichtete – weit draußen vor der Stadt, denn im Hinterkopf hatte man immer Seuchen, vor allem die Pest. Die Behandlung wollte man den Erkrankten nicht verweigern, aber das sollte, bitte, möglichst ein größeres Wegstück vor den Stadttoren Wiens geschehen.

Zurück zum Augustin: Wir erfahren, dass er Sackpfeifer war, also Dudelsackspieler, und offenbar an einem Lungenleiden gestorben ist. Der Dudelsack wird heute mit dem schottischen Hochland verbunden. Bis zu Beginn des 19.

Jahrhunderts spielten Sackpfeifer jedoch in ganz Europa dem Volk zum Tanz auf. Beispielsweise zeigt der niederländische Maler Pieter Bruegel der Ältere, genannt „Bauernbruegel", auf seinem „Bauerntanz" (um 1568) einen Dudelsackbläser. Der „böhmische Bock" spielt auch in der tschechischen Volksmusik eine wichtige Rolle, und so schlägt der pfiffige Švanda dudák, also Schwanda, der Dudelsackspieler, in der Sagenwelt der Tschechen dem Teufel ein Schnippchen. „Bock" nennt man das Instrument, weil der Luftsack in der Regel aus Ziegenleder gefertigt war.

Bloß: Wie spielt ein Lungenkranker dieses Instrument? Da muss man nämlich zuerst den Sack aufblasen, die Luft in ihm drückt man mit den Armen heraus, sie strömt in die Bordunpfeifen, die so einen liegenden Grundklang erzeugen. Über diesen bläst der Dudelsackspieler die einstimmige Melodie in die Spielpfeife, die Tonhöhe erzeugt er, indem er mit den Fingern die entsprechenden Bohrlöcher der Spielpfeife öffnet oder schließt, so wie bei einer Blockflöte. Insgesamt ist das kein Instrument, das man als ideal für einen Schwindsüchtigen erachten würde.

Es gibt aber eine mögliche Todesursache, von der man damals nichts gewusst hat. Mit seinem Atem bläst der Spieler ganz automatisch Feuchtigkeit ins Instrument. Die Pfeifen sind aus Holz, der Sack aus Leder. Kommt Feuchtigkeit dazu, ist das der ideale Nährboden für Pilze. Deren Sporen wiederum sind gar nicht ideal für die menschliche Lunge. Dementsprechend ist Dudelsackspielern unserer Tage die Hygiene ein hohes Gut. Im 17. Jahrhundert freilich galt vieles, was wir jetzt als Grundbedingung von Hygiene erachten, sogar als schädlich.

Der Mangel an Hygiene bereitete der Pest den Boden. Heute weiß man, dass sie vom Rattenfloh auf den Menschen übertragen wird. Damals mussten Gottes Strafgericht mittels Miasma (verpesteter Luft) und Planetenkonstellationen als Erklärungen herhalten. Die Pest entvölkerte Landstriche und dezimierte Städte. Da sie als von Gott gesandt verstanden wurde, überhöhten die geplagten Menschen sie zum Mythos. So fand sie Eingang in die Kunst ebenso wie in die Sage und in den Sprachgebrauch. „Pestig" zum Beispiel bedeutet im Wiener Dialekt „widerlich".

Der Schwarze Tod suchte Wien im Jahr 1679 heim. Für die Stadt war es ein Trauma, vergleichbar nur der Türkenbelagerung von 1529 – die zweite stand 1683 noch bevor. Die Krankheit brach in der Leopoldstadt, die damals eine eigene Gemeinde, sozusagen ein Vorort Wiens war, im Frühjahr aus, und breitete sich, je wärmer es im Laufe des Jahres wurde, über das gesamte Siedlungsgebiet aus. Irgendwann übersprang sie die Stadtmauern und drang in das Herz von Wien vor. Es gab so viele Tote, dass man, trotz sonst akribischer Buchführungen, nur noch pauschal zählte. Wenn überhaupt. So erklären sich wohl die unterschiedlichen Zahlen. Offiziell vermerkt sind 8000 Tote. Manche Berichte sprechen indes von 70.000 Toten, manche von 90.000, manche gar von 120.000. Das freilich wären mehr Menschen, als in Wien mit allen Vorstädten lebten. Die Zählung von 1660 verzeichnet für das gesamte Siedlungsgebiet rund 60.000 Menschen. Bei der nächsten Zählung im Jahr 1680 wächst die Stadt auf 70.000 Menschen an. Für einen Zeitraum von 20 Jahren ist das wenig. Man merkt den Pest-Knick. Eine mit 90.000 oder gar 120.000 Toten praktisch menschenleer gewordene Stadt freilich könnte unmöglich auch nur auf den geringsten Bevölkerungszuwachs kommen. Heutige Schätzungen nehmen 12.000 Tote an.

Das ist immer noch viel, sehr viel sogar. Es bedeutet, dass jeder Mensch, der im Siedlungsgebiet Wien lebte, entweder selbst vom Schwarzen Tod betroffen war oder jemanden kannte, der es war. Damit prägte sich die Pest in das kollektive Gedächtnis ein. Noch heute erinnert die Pestsäule auf dem Graben, einer Flanierstraße mit noblen Geschäften und Cafés in der Wiener Innenstadt, an die Epidemie von 1679. Kaiser Leopold I. ließ sie errichten. Er war vor der Seuche aus der Stadt geflohen und hatte gelobt, nach dem Ende der Epidemie eine Gnadensäule aufzustellen.

Während der Pestepidemie ist der Tod in Wien allgegenwärtig. Niemand kann ihm ausweichen. Die Sterbenden und die Toten liegen auf der Straße, Männer, Frauen, Kinder. Pestknechte holen die Leichen aus den Wohnungen und sammeln sie auf der Straße ein. Auf Karren bringen sie ihre makabre Fracht zu den Pestgruben. Das sind Massengräber, in die werden die Leichen hineingeworfen. Keiner fragt nach den Namen und dem Alter der Toten. Auf die Leichen streut man Löschkalk. Niemand setzt einen Gedenkstein. Ist die Grube voll, schüttet man sie zu.

Angesichts der Allgegenwart des Sterbens entwickelt jeder seine eigene Weise, mit dem Tod umzugehen. Die Wiener Methode, die teilweise bis heute anhält, ist die, das Ganze nicht gar so schwer zu nehmen. Man nimmt es mit Schmäh. „A bisserl sterben hot no kan gschad", könnte der Wiener Leitspruch sein.

Damit jetzt endlich zur G'schicht' vom Augustin. Über

sein Leben weiß man kaum etwas. Er soll der Sohn eines heruntergekommenen Wirts gewesen sein. Als Bänkelsänger, Sackpfeifer und Stegreifdichter zog er von Bierhaus zu Bierhaus und unterhielt die Leute mit seinen zotigen Liedern. Dafür bekam er Bier vom Wirt und von den Gästen die eine oder andere Münze. Diese Bierhäuser waren natürlich nicht die noblen Bierhallen heutiger Tage, die ihre Bierspezialitäten zu bodenständiger Küche anbieten. Es waren Spelunken. Bier war Getränk und Nahrungsmittel zugleich, allenfalls Brot und billige Würste, etwa Safaladi wurden zum Bier gereicht. Auch Branntwein wurde ausgeschenkt. In diesen Spelunken, in denen schon der Bier- und Branntweindunst allein die Menschen berauschte, war Augustin der Schmähführer.

Doch ohne Leit rennt ka Schmäh net. So war's 1679. Immer weniger Menschen gingen in die Bierhäuser. Viele waren tot, viele hatten Angst, unter den Gästen könnte ein Pestkranker sein. Denn die Pest überfällt die Menschen ohne Vorwarnung. Wer sich eben noch gesund glaubt, liegt ein paar Stunden später in der Pestgrube. Diejenigen, die dennoch die Bierhäuser aufsuchten, wollten sich umso mehr amüsieren und nahezu bis zur Bewusstlosigkeit betrinken. Dem Tod ins Gesicht lachen, ist auch eine Möglichkeit, mit ihm umzugehen. Wer betrunken ist, bekommt obendrein von all dem Leid um ihn herum weniger mit.

Der Bierleitgeb[22] Ulrich Konrad Puffan besaß das Bierhaus „Zum roten Dachl". Am alten Fleischmarkt lag es. Immer weniger wurden seine Gäste. Da verfiel der schlaue Puffan auf die Idee, den beliebten Bänkelsänger und Sackpfeifer Augustin durch freies Getränk an sich zu binden. Dessen

Schmäh, dachte Puffan, wird schon die wenigen Menschen anlocken, die sich trotz der Pest unterhalten wollen.

Puffan behielt recht. Alle Montage, Donnerstage und Sonntage hatte er den Augustin. Dessen Schmäh sorgte für volles Haus, während der Schwarze Tod durch die Straßen Wiens kroch und nach Opfern Ausschau hielt.

Solch ein Abend war auch dieser. Augustin hatte Schmäh geführt, Zoten gerissen, und zu seinem Dudelsackspiel waren die Gäste mehr getaumelt, als sie getanzt haben. Manchen Humpen Bier hatte Augustin geleert und manchen Schnaps geschluckt. Jetzt wankt er heim in Richtung seiner Wohnung in der Nähe der Landstraße. Mit der U-Bahn ist die Strecke heute in ein paar Minuten zu bewältigen. Damals war das ein tüchtiger Fußmarsch. Zum Stadttor hinaus schafft Augustin es noch, dann aber tun Müdigkeit und Alkohol ihre Wirkung. Beleuchtung gibt es keine außerhalb der Stadtmauern. Augustin schwankt hin und wankt her, er findet seinen Weg nicht. Irgendwann gleitet sein Fuß ab, und er stürzt. Er schlägt jedoch nicht hart auf. So denkt er: „Oes guat", und schläft ein. Am nächsten Morgen erwacht Augustin und sieht, dass er in eine Pestgrube gestürzt ist. Auf einem Berg Leichen hat er geschlafen. Nun ruft er und schreit er, auch den Sack seines Dudelsacks bläst er auf und drückt mit aller Kraft die Luft in die Bordunpfeifen, deren schnarrender Akkord die Luft zerkratzt. Endlich kommen Leute, um nachzusehen, was das Geschrei und der Krach für eine Ursache hat. Schnell verstehen sie, was los ist. Aber viele wagen sich nicht näher. Schließlich fassen zwei Beherzte Mut und helfen Augustin aus der Pestgrube heraus. Augustin überlebt nicht nur, er findet seine Lebensweise durch diesen Vorfall geradezu bestätigt: „A Schwips hoet de Pest fean", war ab da sein Leitspruch.

Möglicherweise hat dem Augustin etwas ganz Anderes geholfen, nämlich ein Schmäh, und zwar ein Lavendelschmäh. Sie erinnern sich an die Geschichte mit den Lavendelverkäuferinnen, die fallweise aus der Hand gelesen haben? Vielleicht ist der Augustin so einer auf dem Weg ins „Rote Dachl" begegnet. Kann sein, sie hat ihm aus der Hand gelesen, hat ihm gesagt, er wird munter werden, während andere schlafen, irgendwas in der Art. Der Augustin war so zufrieden, dass er extra einen Tanz für sie aufgespielt hat und dann noch einen, und sie hat sich mit einem Büscherl Lavendel bedankt, das er in die Tasche von seinem Rock gesteckt hat. Flöhe reagieren auf den Lavendelgeruch allergisch – was einer der Gründe war, weshalb man in die Wäschekästen Lavendelbüscherl legte. Auf die Idee, es könnte mit dem Lavendel zu tun haben, ist der Augustin, der ein rechter Tschecherant[23] war, natürlich nicht gekommen. Er hat an die segenspendende Wirkung von Bier, Wein und Schnaps gedacht. Das lag ihm halt näher als das violette Blümelein.

Seinen trinkfreudigen Lebenswandel hat er beibehalten. Schmähgeführt hat er jetzt erst recht und sein Erlebnis in dem Lied „Ei, du lieber Augustin" verarbeitet. Dessen Text geht so:

„Ei du lieber Augustin,
Augustin, Augustin,
Ei du lieber Augustin,
alles ist hin.

Geld ist weg,
s Mensch[24] ist weg,
Alles hin,
Augustin.

Ei du lieber Augustin,
Alles ist hin.

Rock ist weg,
Stock ist weg,
Augustin
liegt im Dreck.

Ei du lieber Augustin,
Alles ist hin.

Und selbst das
reiche Wien,
Hin is wia
Augustin;
Weint mit mir
im gleichen Sinn,
Alles ist hin!

Jeder Tag
war ein Fest,
Und was jetzt?
Pest, die Pest!
Nur ein groß'
Leichenfest,
Das ist der Rest.

Augustin,
Augustin,
Leg' nur ins
Grab dich hin!
Ei du lieber Augustin,
Alles ist hin!

Das nenne ich Schmäh! Die Pest überleben, sogar die Pestgrube überleben, und aus der ganzen G'schicht ein Tanzliedl machen! Totentänze gibt es aus dem Barock in der bildenden Kunst ja manch einen. Aber ein Totentanz als Tanzlied? Noch dazu eines, das so absolut getanzt werden will wie dieses? Es kommt nicht von ungefähr, dass man es später als ersten Wiener Walzer bezeichnet, und obwohl der erst eine Sache um 1800 ist, trägt das Augustin-Lied wirklich schon seine Züge. Das allererste echte Wienerlied ist es übrigens auch.

Nur, ob es wirklich vom Augustin stammt, das ist die Frage. Zugeschrieben ist es ihm jedenfalls. Aber seine Übernachtung in der Pestgrube ist so legendär, die hätte auch jemand anderer in Verse bringen können. Zumal gar nicht sicher ist, ob der Augustin wirklich auf einem Berg Pestleichen seinen Rausch ausgeschlafen hat.

Merken Sie was: Wir sind wieder bei solch einer unsicheren Sache, und da lugt in Wien immer der Schmäh ums Eck. Die G'schicht kann stimmen, sie könnte jedoch ebenso einfach ein Exempel sein – keines für die Übernachtung an ungewohnten Orten, sondern eines für …

Moment, ich erzähle Ihnen am besten gleich alles, soweit man's herausgebracht hat.

Sagt Ihnen der Name Abraham a Santa Clara etwas? Dieser Abraham a Santa Clara war der sprachgewaltigste katholische Prediger deutscher Zunge im ganzen Zeitalter des Barocks. Leider nützte er seine Sprachgewalt auch für Hasstiraden gegen die Juden, denen er vorwarf, Brunnen zu vergiften. Für den Ausbruch der Pest machte er sie obendrein verantwortlich, weil die ersten Fälle in der „Judenvorstadt", der Leopoldstadt, aufgetreten waren. Zwar waren die Juden von da auch schon seit 1670 vertrieben auf den Befehl Kaiser Leopold I., aber das kümmerte Abraham a Santa Clara wenig. In der Ständesatire „Mercks Wienn" nahm er die Pestepidemie als Ausgangspunkt und begründete mit der Schrift 1680 seinen Ruhm.

Seinen Predigten verlieh Abraham a Santa Clara durch die Wahl bildmächtiger Wörter ihre Kraft. Für die Anschaulichkeit sorgten Beispiele. Als er nun einmal gegen die Trunksucht predigte, übrigens fünf Jahre vor der Wiener Pestepidemie, brachte er das Exempel eines betrunkenen Wandermusikers, der im Rausch in eine Pestgrube fiel. Mag sein, er hat die Geschichte aus seiner Baden-Württembergischen Heimat mitgebracht. Oder er hat sie erfunden. Den Wienern ist sie jedenfalls nicht mehr aus dem Kopf gegangen – getrunken haben sie zwar weiter, aber die Gestalt aus der Predigt, die haben sie eingewienert. Der Wein und der Tod, wenn das nicht Wien ist! Da rennt der Schmäh ganz von selber. Und Abraham a Santa Clara hat sich als echter Wiener eingebürgert, denn was der hochwürdige Herr da moralhalber erzählt hat, war ein lupenreiner Schmäh.

Womit der allererste Wiener Schmähführer, „Mercks Wienn", genau genommen, doch nicht der Augustin, sondern ein Geistlicher aus Baden Württemberg ist.

„Irgendwie traurig", sag ich zur Lektorin meines Vertrauens, „nicht einmal ein gebürtiger Wiener war's". „Ach was", sagt sie. „Du vergisst den vierten Rudi." Wie bitte? „Na, Rudolf IV. Der hat doch 1359 das ‚Privilegium maius' gefälscht, weil er in der ‚Goldenen Bulle' von Kaiser Karl IV.

nicht gut genug weggekommen ist. Und ohne ‚Privilegium maius' keine Habsburger-Monarchie."

Rudolf IV., der würde mir passen, der war ein echter Wiener. Aber kann eine Fälschung als Schmäh durchgehen? Die Lektorin meines Vertrauens verweist auf jene Herrscher, die laut „Privilegium maius" die Sonderrechte der Habsburger und damit Österreichs garantieren: Caesar und Nero. Wenn das kein Schmäh ist …! Damit wäre Rudolf IV. nachweislich der allerallererste Schmähtandler, der Schmäh doch noch eine echte Wiener Erfindung – und ganz Österreich, genau genommen, a Ansaschmäh.

Schmähohne.

Intermezzo: Beim Gassi gehen

Auf dem Platzerl vor der Kirche.

- Meu, dea is aber lieb! So ein süßa Keal. Verzeihn Sie, guten Tag, Herr Kocourek.

- Griaß eana, Frau Steputat. Nein, pfui, Leo, geh weg da! Sitz!

- Brav is a! Seit wann sind S denn auf den Hund gekommen, Herr Kocourek?

- Des is net meina.

- Nicht?

- Naa, dea gheat meina Schwesta. Owa de Helga, de Helga, die macht eine Seereise zum Nordkap. Göö, do schaun S? Sea feine Gesellschaft, hot s gsogt. Und mi hot s gfrogt, ob i den Leo fia de zwa Wochn, de s net do is, nehma kennt. Soi i naa sogn, waun s mi amoe um wos bitt? De braucht eh nia wos von mia.

- Na, das is ja ein ganz Lieber. Wie a schaut! Übrigens: Komischa Name füa an Hund, Leo, das heißt eigentlich Löwe.

- Jo eh. Owa de Helga, de hot sie den Leo jo noch da Scheidung gnumman, und ia Mau, dea hot Leopoid ghaßn, und weu de Helga imma gsagt hot, da Leo is a Hund, drum hots den Hund daun Leo gnennt.

- Im Ernst?

- Schmähohne.

- Sowas. Darf ich ihn angreifen?

- Naa, do warat i vuasichtig. Liawa net! Wissen S, gestan woet ihn a Madl, gaunz jung, so zehne oda ööfe, augreifn, safuat hot a gschnappt. Grod, dass a s net bissn hod. Ea is hoed net gwohnt, dass ihn a Fremda augreift.

- Schade. Das sieht man ihm gar net an. So ein lieba Keal! Jössas, vazeihn Sie, ich muss rennen, ich hab ja noch massenhaft Besorgungen zu machen. Wiederschaun, Hea Koucourek!
- Wiedaschaun, Frau Steputat. Und rennt scho, de Steputat!
- …
- Ist das ein lieber Hund!
- Dea haaßt Leo.
- Darf ich den Leo angreifen?
- Kloa! Dea tuat nix, dea gfreit si hextens!

Ein ganzer, ein halber und ein doppelter Schmähtandler

Das muss ich Ihnen jetzt erzählen:

Hoher Besuch ist angekündigt in Wien: Ein Dichter ersten Ranges, der Stern der grönländischen Poesie.

Halt, nein, das erzähle ich Ihnen später. Grönländische Dichter und Wiener Schmäh, das passt ohnedies nicht so recht zusammen, scheint's. Außerdem muss ich, (jo, eh, besten Dank für die Mahnung, oh Lektorin meines Vertrauens) ein paar Versprechen einlösen, und wie der Zufall so Regie führt, sind das nicht einfach geniale Künstler, über die ich jetzt berichte, sondern, für uns wesentlich interessanter, geniale Schmähtandler.

Da hätten wir zum Beispiel den Artmann. Sie merken: Ich sage nicht etwa „den österreichischen Dichter H. C. Artmann", ich sage *„den* Artmann". Dass dieser bestimmte Artikel plus Nachname so eine Art Volksadelsprädikat ist, wissen Sie mittlerweile. Und wenn nicht, zum Beispiel, weil Sie mit diesem Kapitel zu lesen anfangen, dann haben Sie es jetzt erfahren.

Der Artmann war ein ganz besonders bunter Vogel. Geboren wurde er am 12. Juni 1921, gestorben ist er am 4. Dezember 2000 in Wien. Beim Geburtsdatum steht kein Ort dabei. Damit hat es so seine Bewandtnis.

Im Klappentext der Taschenbuch-Ausgabe von Artmanns Balladen-Sammlung „Aus meiner Botanisiertrommel" (1978) steht: „H(ans) C(arl) Artmann wurde im Juni 1921 in St. Achatz am Walde geboren, schreibt Lyrik, Prosa und Theaterstücke, lebt je nach Stimmung in den Städten Europas (so auch in Malmö), liebt alles Gute und Böse, bekennt sich zum Positiven, das letzten Endes doch immer siegen muß, denn: wo kämen wir sonst hin."

Stimmt ja alles – fast alles. Nur mit der österreichischen Geografie war der Klappentexter nicht ganz vertraut. Man kann es ihm nicht übel nehmen. „St. Achatz am Walde" – wer denkt da nicht an den lauschigen Ort im tiefsten Niederösterreich, im Waldviertel, nahe der Stadt Horn, der Gegend, wo an der Wende vom 18. zum 19. Jahrhundert der Räuber Johann Georg Grasel als österreichische Version des Robin Hood von den Reichen stahl, um es den Armen zu geben. (Das ist zwar historisch unhaltbar, doch die Legende will es so wissen.)

St. Achatz am Walde ist ein Marktflecken. Zu seinen Sehenswürdigkeiten gehören die romanische St.-Achatius-Kirche mit einer lebensgroßen mittelalterlichen Skulptur des Heiligen Achatz und einer fein gearbeiteten Orgel aus dem 17. Jahrhundert, sowie die Dorfschule, die in einem ehemaligen Gasthaus aus dem 18. Jahrhundert untergebracht ist. H.C. Artmanns Vater war Schuster. Im Geburtshaus des Dichters, einem einstöckigen Bau aus dem späten 18. Jahrhundert, befindet sich bis heute eine Schusterwerkstatt, eine Plakette über dem Eingang gedenkt des großen Sohnes dieser Ortschaft. Industrie gibt es keine in St. Achatz, und in dem rauen Klima will kein Wein gedeihen. So sind Holzwirtschaft und Mohnanbau die vorherrschenden Einnahmequellen. Der Graumohn aus St. Achatz gilt als besonders aromatische Grundlage für Mohnzelten. Seit Mitte der 1970er-Jahre ist ein wenig Fremdenverkehr dazugekommen. Die kleine Brauerei bereitet eines der besten Biere Österreichs zu, das vollmundig-herbe Achatzi-Bier, dessen Rezeptur seit 1726 im Besitz der Familie Obermoser steht und selbstverständlich geheim gehalten wird. Auch das St.-Achatius-Wasser, einen mild-bitteren Kräuterlikör, bereitet die Brauerei nach einer geheimen Rezeptur zu. Ausgeschenkt werden Bier und Likör nur in St. Achatz am Walde selbst und allenfalls einigen Orten der Umgebung, größere Mengen erzeugt die Brauerei nicht.

Jetzt haben Sie den Ort, in dem H. C. Artmann geboren wurde, vor Ihrem geistigen Auge. Möchten Sie nicht am liebsten gleich ein Achatzi-Bier versuchen oder das St.-Achatius-Wasser oder zum Kaffee die Mohnzelten kosten? Oder haben Sie gar (nach dem Motto: einmal was Anderes) Lust auf Urlaub in Artmanns Geburtsort bekommen?

Jo, eh, oh Lektorin meines Vertrauens, ich hör' schon auf, einen Urlaub in St. Achatz am Walde anzupreisen. Schlimmer: Ich muss Ihren Tagtraum empfindlich stören. H. C. Artmann wurde nicht nur nicht in St. Achatz am Walde nahe Horn geboren. Er war sogar nachweislich sein ganzes Leben lang nicht ein einziges Mal in St. Achatz am Walde, außer in seiner Fantasie. Denn St. Achatz am Walde gibt es nicht. Der Ort ist ein Schmäh des Dichters. Und, mit all den Ausschmückungen, einer von mir, zugegeben.

Aber was für ein Schmäh vom Artmann das ist! Auf den fällt jeder hinein. Artmann hat es verstanden, einen Ortsnamen zu erfinden, der typisch österreichisch klingt. Das ist gar nicht so einfach. Versuchen Sie, einmal einen Ortsnamen Ihrer Gegend zu erfinden. Aber echt muss er klingen, absolut echt. Mir ist so etwas ein einziges Mal zu meiner Zufriedenheit gelungen – nicht mit einem österreichischen, sondern mit einem bayerischen Ortsnamen. Kennen Sie das schöne Irdelfing südlich von Straubing? Eine Reise wert, ich garantiere Ihnen das! Schmähohne.

Dabei gibt es einen heiligen Achatius. Einer der vierzehn Nothelfer ist er, ein Märtyrer. Offizier der römischen Armee war er und kämpfte für das römische Imperium in Armenien. Dort kam er mit Christen in Kontakt. Schließlich konvertierte er zum Christentum. Kaiser Hadrian tobte. Er ließ Achatius auf dem Ararat mit Dornenzweigen auspeitschen und hernach kreuzigen. So sagt es die Legende. Achatius genießt durchaus Verehrung, auch im alpenländischen Raum. Eine St.-Achatz-Kirche und ein Ort St. Achatz wären denkbar. Der Zusatz „am Walde" suggeriert, es könne ein weiteres St. Achatz geben, etwa St. Achatz am Gebirge, oder St. Achatz am See. Als wäre dieser Ortsname so selten nicht. Und doch existiert er ausschließlich in der Fabulierlust Artmanns.

Es war in einem seiner autobiografischen Texte, in dem Artmann schrieb, er sei in St. Achatz am Walde geboren. Für bare Münze nahmen das manche Klappentexter – und nicht nur sie. Bis in Schulbücher hinein soll sich Artmanns fiktiver Geburtsort verirrt haben. Gab es keinen Lehrer, der Deutsch als Haupt- und Geografie als Nebenfach unterrichtete? – Bitte nicht zuviel verlangen: Österreich ist zwar ein kleines Land, aber auch von diesem kleinen Land kann niemand alle Ortsnamen bis zu denen von

300-Einwohner-Gemeinden kennen. Ich habe St. Achatz am Walde bei einem Ortskundler ausprobiert, dessen Spezialgebiet Niederösterreich ist. Nicht ansatzweise hat er mit dem Ohr gezuckt, gerade einmal gefragt hat er, wo denn dieses St. Achatz läge, und als ich sagte, es läge in der Gegend von Horn, hat er's geschluckt. Dass St. Achatz gar nicht existiert, dürfte bei ihm mehr Erstaunen hervorgerufen haben als zuvor die – freilich verständliche – Tatsache, dass er es nicht kannte. Wobei mich, ich gestehe, jetzt natürlich schon der Schmäh verlockt hat zu berichten, der Ortskundler habe sofort begeistert reagiert und von den Schönheiten des Ortes St. Achatz am Walde berichtet samt einem ganz persönlichen Erlebnis. Aber das wäre ein Überschmäh gewesen, und obgleich ich über Schmähtandler erzähle, muss ich mich selbst noch lange nicht als einer aufführen.

Zurück zum Artmann. Sein größter Schmäh waren die Mundartgedichte „med ana schwoazzn dintn". Schmäh deshalb, weil die Gedichte teilweise keine Gedichte und schon gar keine Mundartgedichte im herkömmlichen Sinn sind. Ich werde den Verdacht nicht los, Artmann habe sich allein schon am Anblick des Buchstabenballetts auf dem Papier erfreut. Zum Beispiel:

> frog me ned
> wos fia r a numara
> da dod hod
> i was nua
> das ar a grins
> kapö aufhod
> und zwar r aung
> wia r a grod

Natürlich wieder einmal der Tod – wir sind ja in Wien. Aber ganz ehrlich: Selbst wenn man mit dem Wiener Dialekt aufgewachsen ist, nimmt sich das auf den ersten Blick wie eine Fremdsprache aus. Beim lauten Lesen merkt man dann, dass es eine interessante schriftliche Annäherung an den Klang des Wiener Dialekts ist, doch unter der Voraussetzung, ihm gleichsam mit zusammengebissenen Zähnen seinen gemütlichen Singsang zu nehmen. Artmanns Schreibweise entspricht dem Notentext eines Musikwerks: Wie dieser eines Musikers als Interpreten bedarf, so brauchen Artmanns Dialektgedichte einen Sprecher, der sich ihre Diktion aneignet und sie in seinen eigenen Tonfall überführt. Still gelesen verlieren sie.

Artmanns Schmäh besteht darin, dieses Idiom für höchst ungewöhnliche Inhalte zu nützen. Dass sich auch große Dichter dieses Dialekts bedienen, ist nichts Neues. Josef Weinheber etwa schrieb 1935 seinen Zyklus „Wien wörtlich". Über Weinheber sollte ich vielleicht ein paar Worte verlieren; war er kein ganzer, war er doch ein halber Schmähtandler.

Weinheber also übertrug antike Vers- und Strophenformen auf eine moderne Sprachkunst, die er mit allen Tricks der Dichtung virtuos beherrschte. Sein Schwung kann verführen. Der Vorwurf, bisweilen Schwung ohne Inhalt zu liefern, kommt freilich nicht von ungefähr. Dennoch: Er war ein Meister der Sprache.

Obwohl ich Wortspiele mit Namen unausstehlich finde, komme ich in diesem Fall nicht darum herum: „Nomen est omen" trifft selten genauer zu als in diesem Fall. Weinheber war dem Wein zugetan und hob Glas um Glas, vorerst einfach, weil es ihm schmeckte. Die Spottnamen, die der Wiener vergibt, kränken bisweilen, treffen jedoch stets das Wesentliche. So auch hier: Weinhebers Affinität für Wein und hymnische Gedichte trug ihm die Bezeichnung „Heurigenhölderlin" ein.

Inwieweit sich der mittlerweile schwer alkoholkranke und an Depressionen leidende Weinheber den Nationalsozialisten andiente, ist bis heute Gegenstand von Kontroversen unter Germanisten. Dass er es getan hat, daran besteht kein Zweifel. Nach dem Anschluss Österreichs 1938 dichtete er: „Deutschland, ewig und groß, / Deutschland, wir grüßen Dich! / Deutschland, heilig und stark, / Führer, wir grüßen Dich! / Heimat, glücklich und frei, / Heimat, wir grüßen Dich!" Wenig später trug er sich ernsthaft mit Gedanken an eine Emigration. Als im gleichen Jahr die Gestapo seinen Dichterkollegen Otto Basil wegen „Verspottung des Führers" verhaftete, setzte sich Weinheber hartnäckig für dessen Freilassung ein – und hatte Erfolg.

Zweifellos behandelte das sogenannte Dritte Reich Weinheber als einen seiner Dichterfürsten. Als Propagandaminister Joseph Goebbels ihm seine Aufwartung machte und fragte, was das Dritte Reich zur Förderung der Dichter in der Ostmark (wie Österreich damals heißen musste) unternehmen könne, antwortete Weinheber mit Schmäh: „In Ruah lossn, Hea Dokta, aafoch in Ruah lossn." Sein Dichterkollege Wilhelm Szabo, der eine Jüdin zur Frau hatte und als Lehrer wegen politischer Unzuverlässigkeit von den Nationalsozialisten außer Dienst gestellt worden war, berichtet von „fast leidenschaftlichen Hassausbrüchen gegen die Nazis"[25] seitens Weinhebers.

Wie dem auch sei: Als die Rote Armee Zug um Zug Wien eroberte, nahm Weinheber im Bewusstsein, er würde als Nationalsozialist abgestempelt sein und als Autor jeglichen Rückhalt einbüßen, am 8. April 1945 in Kirchstetten eine Überdosis Morphium, an der er starb.

Weinhebers gemütvolle Gedichte in Wiener Mundart nehmen sich zwar wie Fremdkörper aus in seinem sonst nachdrücklich den erhabenen Dingen gewidmeten Schaffen. Doch diese Mundart-Lyrik wurzelt im Boden der Wiener Volkspoesie. „Wien wörtlich" enthält Gedichte, die entweder auf herkömmliche Weise rhythmisiert und gereimt sind, und es gibt eine Walzerhymne auf den Wienerwald („Du im Traum / geh nur zu! / Rauschebaum, / Lindenruh"). Die Mundartgedichte heben den Stil des Wienerlieds in höhere Sphären. Eine Strophe wie „Hörts, wås die Musi spü't: / A harbes Weanerlied. / Då is, wia jeder sicht, / der Streit glei g'schlicht" könnte zur Begleitung von Wanzenquetsche und picksüßem Hölzel[26] beim Heurigen gesungen werden, ohne dass jemand ahnte, die Verse stammten vom Dichter, der geschrieben hat: „Ein schwarzer Vogel, der im Baum / genistet dunkelsam, / fiel tot herab. Im Himmelsraum / hub eine Lerche an."

Weinhebers „Wirtshausgespräche" im „Wien wörtlich"-Zyklus sind purer Schmäh in Reim und Vers:

> Weil S' ‚gsturbn' ságn, ham di Herrn scho ghört,
> der Spårverein håt sich beschwert,
> daß s' bei der Leich von ålten Schramm
> am Gråb kan Red net ghålten ham,
> wo er åls Obmann dreizehn Jåhr
> und vierazwanzg im Ausschuß wår.

Das war wohl keine „scheene Leich'" nach Wiener Gusto – womit Weinheber genau getroffen hat, wie der Schmäh rennt.

Vor allem verdanken wir Weinheber einen im „Wien wörtlich"-Zyklus geprägten Vers, der als Sprichwort in diversen Variationen in den Wiener Wortschatz eingegangen ist; ein echter Schmäh ist das: „War net Wien, wann net durt, / wo kan Gfrett is, ans wurdt."

Dennoch: Bei Weinheber ist Wien die Stadt, die wir aus den Hans-Moser-Filmen kennen, es ist das Wien einer idealisierten Gemütlichkeit. Es ist auch ein Wien des Schmähs, naturgemäß, wenn Weinheber einen Menschenauflauf beim Würstelstand schildert, wobei die Vermutungen für den Bahöö[27] vom Mord bis zur Revolution reichen – und am Schluss kommt als Ursache heraus, dass der Würstelmann offenbar kein Wechselgeld hatte. Bei Weinheber deckt sich der Inhalt mit der Diktion.

Artmanns Wiener Dialektgedichte, um zu ihnen zurückzukehren, sind ganz etwas Anderes als die Weinhebers: Sie leuchten in die dunkelsten Stellen der Stadt und der Wiener Seele hinein, berichten von Lustmördern und Kinderschändern. Der Titel des fünften, „wos unguaz", könnte über vielen dieser Gedichte stehen. Aber die Art der Erzählung ist der pure Schmäh. Andere sind eigentümliche Liebesgedichte, denen die Poesie ausgetrieben scheint und die dennoch poetisch leuchten. Etliche Gedichte sind durch den Surrealismus beeinflusst. Am schönsten ist das letzte: „heit bin e ned munta wuan / wäu ma r unsa bendlua / schdeeblim is …" Welch wunderbares Spiel mit Doppelbedeutungen! Der Schlag der Pendeluhr gehörte früher in jeden Haushalt, man

zählte am Morgen die Schläge: „Muss ich schon aufstehen, oder habe ich noch ein bisserl Zeit zum Ausraunzn[28]?"
„Pendel" oder „Pendeluhr" ist im Wienerischen obendrein
ein Synonym für das Herz. Es geht – wieder einmal – um
den Tod, im konkreten Fall um den Tod durch Erfrieren
(vielleicht an der Kälte der Herzen), und am Ende breitet
ein Engel aus Schnee und Eis seine Arme aus.

Weshalb ich so ausführlich auf den Artmann eingehe,
hat einen Grund: Der Artmann hat den Schmäh verstanden wie sonst nur wenige, und er hat ihm sozusagen die
poetische Weihe verpasst. Er hat nämlich den „poetischen
Act" erfunden. In Artmanns „Proklamation des poetischen
Actes" (1953) liest sich das so: „Es gibt einen Satz, der
unangreifbar ist, nämlich der, daß man Dichter sein kann,
ohne auch irgendjemals ein Wort geschrieben oder gesprochen zu haben. Vorbedingung ist aber der mehr oder minder
gefühlte Wunsch, poetisch handeln zu wollen. Die alogische
Geste selbst kann, derart ausgeführt, zu einem Act von aus-
gezeichneter Schönheit, ja zum Gedicht erhoben werden.
Schönheit allerdings ist ein Begriff, welcher sich hier in einem sehr geweiteten Spielraum bewegen darf."

Poesie ist demnach alles, was mit der Intention von Poesie
ausgeführt wird. Überspitzt gesagt: Wenn ich mit poetischer
Intention ein Schnitzel esse, dann ist diese Mahlzeit Poesie.
Jede absichtliche Pose ist somit Poesie. Die Erfindung von
Namen: Schmäh und Poesie. St. Achatz am Walde: Schmäh
und Poesie. Das Monokel im Auge, das Weinglas in der
Hand: Schmäh und Poesie. Seine neoromantischen Ge-
dichte, seine Balladen und seine Gedichte um Gestalten der
Popkultur: Schmäh und Poesie. Seine Wiener Geschichten,

seine Schöpfungs- und Verwandlungsgeschichten: Schmäh und Poesie. Sein Auftritt als Komparse in David Leans legendärem Wien-Krimi „Der dritte Mann": Schmäh und Poesie. (Dass die von Artmann gestellte Frage „Was halten Sie von James Joyce?" herausgeschnitten wurde, ist übrigens auch Schmäh und Poesie, weil das genau zum Dichter passen würde: Erst der undichterische Job, und dann wird er obendrein herausgeschnitten – aber die Frage ist drin.) Artmann hat viele Posen eingenommen und viel Schmäh geführt. Nichts hat er ganz ernst genommen, nichts verkommt bei ihm zur reinen Posse. Artmann führte ein poetisches Leben voller Schmäh. Glücklicherweise jedoch hat er nicht nur poetisch gelebt, sondern auch geschrieben: mit viel Poesie und mit viel Schmäh.

Darf ich Sie um etwas bitten? – Gehen Sie in die nächste Buchhandlung und kaufen Sie irgendetwas vom Artmann oder borgen Sie in der Bibliothek etwas aus. Mein Favorit ist übrigens „Der aeronautische Sindtbart", ein fingierter Barocktext. Nach der Lektüre haben Sie etwas über das Schmähführen in der Literatur gelernt.

Hab' ich nicht etwas vergessen? Irgendetwas war da noch. Ganz bestimmt. „Wo ist der Artmann eigentlich wirklich geboren", fragt die Lektorin meines Vertrauens, der ich den Abschnitt zu lesen gegeben habe. Na bitte, ich wusste es doch. Hurtig trage ich es nach: Er ist in Wien-Breitensee geboren, einem Bezirksteil im Westen von Wien. So nennt er seine „schwoazze dintn" auch „gedichta r aus bradnsee[29]". Sein Vater war übrigens wirklich Schuster. Wenigstens das ist ganz sicher kein Schmäh.

Wenn Artmann ein ganzer Schmähtandler war und Weinheber ein halber, dann muss Helmut Qualtinger ein doppelter gewesen sein. Das passt auch zu seiner Physiognomie. *Der* Qualtinger war durch seine massige Erscheinung und seine nur auf den ersten Blick behäbige, tatsächlich aber ungewöhnlich differenzierte Darstellungsweise eine einzigartige Gestalt. Bald zählte er zu den populärsten Schauspielern in Wien. Gemeinsam mit Carl Merz schrieb er 1961 den Monolog „Der Herr Karl", in dem er das Schmähführen perfektionierte – und dessen dunkle Seiten zeigte. Da passt sich einer an alles an. Herr Karl ist kein Mann ohne Eigenschaften, er ist ein Mann ohne Charakter. Mit Schmäh redet er alles weg, was ungut sein könnte. „Der Herr Karl" enthüllt die Bösartigkeit der Gemütlichkeit. Bei der Erstausstrahlung im Fernsehen setzte es einen Skandal ohnegleichen. Zuviele Österreicher fühlten sich ertappt. Heute ist der „Herr Karl" vor allem in Wien volkstümlich geworden. Ob trotz oder wegen seiner charakterlichen Wendigkeit, wage ich nicht zu entscheiden. Qualtinger war ein Genie darin, versteckte Heimtücke bloßzustellen. Nur einer war noch besser dabei, nämlich der Kreisler. Zu dem kommen wir noch.

Qualtingers größte Begabung war indessen, Sprechweisen zu imitieren. Er ahmte nicht nur den Klang und den Tonfall einer Stimme vollendet nach, sondern übernahm das Vokabular des Sprechers, kleine Marotten wie unverhältnismäßig häufig gebrauchte Wörter und so weiter. Kurz gesagt: Der Qualtinger schlüpfte bis zur Verwechselbarkeit in die Redeweise eines anderen. Obendrein war er der größte Schmähtandler aller Zeiten, wenngleich er seine Schmähs „practical jokes" nannte, also „angewandte Scherze".

Zum Beispiel parodierte er im Fernsehkabarett „Spiegel vor'm Gsicht" die Schauspielerin Annie Rosar. Wie viele große Komiker, so war auch die Rosar im Privatleben nicht mit Humor gesegnet. Es passt zu ihr, dass sie am Tag nach der Ausstrahlung von Qualtingers Parodie bei Fernsehdirektor Gerhard Freund anruft und sich beschwert, dass sich „der Herr Qualtinger über mich lustig macht". Freund erklärt der resoluten alten Dame, er könne Kabarettisten nicht zensurieren. Die Rosar legt auf. Dauert nicht lange, und Freunds Telefon läutet. Annie Rosar macht nochmals ihrem Ärger wegen der Qualtinger-Parodie Luft. Freund beschwichtigt. Annie Rosar legt auf. Ein paar Minuten später läutet Freunds Telefon schon wieder. Es ist Annie Rosar. Das Thema des Gesprächs hat sich nicht geändert. Freund beginnt zu verzweifeln. Er wiederholt seine Argumente. Annie Rosar sieht alles ein. Ende des Gesprächs. Aber nur für wenige Augenblicke. Dann läutet Freunds Telefon abermals. Annie Rosar möchte noch ein paar Sachen klären. Insgesamt sechs Mal ruft sie bei Freund an. Beim siebenten Mal hebt Freund nicht mehr ab und gibt seiner Sekretärin den Auftrag, ihn bei allen künftigen Anrufen der Frau Annie Rosar zu verleugnen. Es vergeht einige Zeit. Da regt sich Freunds Gewissen. Qualtingers Parodie war heftig gewesen, Annie Rosar ist eine alte Dame mit großer Vergangenheit und immer noch ehrfurchtgebietender Gegenwart. Und sich verleugnen lassen, ist feig. Also erteilt Freund seiner Sekretärin den Auftrag, die Telefonnummer von Annie Rosar herauszufinden, er möchte sich bei ihr entschuldigen, für die Qualtinger-Parodie und dafür, dass er sich verleugnen hat lassen. Die Sekretärin kommt dem

Wunsch nach. Freund ruft an. Annie Rosar meldet sich. Mit einem leichten Kloß im Hals beginnt Freund mit vorzüglicher Höflichkeit: „Direktor Gerhard Freund am Apparat. Guten Tag, gnädige Frau, ich wollte mich entschuldigen … Sie haben heute bei mir angerufen …" Da unterbricht ihn Annie Rosar: „Nein, Herr Direktor, in meinem ganzen Leben habe ich Sie noch nie angerufen."

Der Qualtinger konnte halt, schmähohne, sogar Frauenstimmen täuschend echt nachmachen …

Aber er brauchte für seine Schmähs nicht immer die Verstellungskunst. Als die Bundesregierung ein Gesetz gegen Schmutz und Schund diskutierte, schrieb Qualtinger dem zuständigen Unterrichtsminister Felix Hurdes einen Brief, in dem er die Entfernung des Buchstabens U aus der deutschen Sprache forderte, denn das U sei *u*nsittlich, *u*nseriös und *u*nschön und führe geradewegs vom geistigen *U*nrat über die Woll*u*st zum L*u*stmord. In der Nacht haute sich der Qualtinger mit ein paar Freunden auf ein Packl[30], und sie montierten anstößige Us von Geschäftsportalen ab. Das Modeha s Bra n konnte das vergleichsweise besser wegstecken als das Bl menha s a f der Frey ng[31]. Die abmontierten Us legten der Qualtinger und seine Haberer auf ein Leiterwagerl, das sie dem Portier des Innenministeriums zwecks Weiterreichung an Minister Hurdes übergaben.

Hurdes kam später ein zweites Mal in Qualtingers Gasse, und das beschleunigte das Ende einer großen Politiker-Karriere. Als ruchbar wurde, Hurdes habe möglicherweise seine Stellung als Nationalratspräsident benützt, um einen schweren Autounfall, den sein Sohn verursacht haben soll, unter den Teppich zu kehren, sangen 1958 der Qualtinger und der Bronner im Fernsehen „Der Papa wird's schon richten". Die Nummer enthält folgende Verse, die nobel näselnd vorgetragen werden:

> Auf einmal sogt mir da Puntigam:
> ‚Sog wos is woah aun dem Tamtam?
> I hob do sowas aufgeschnappt
> Du hättest einen Unfall ghabt?'
> Drauf sog ich: „Es is nix passiert!
> Mei Porsche is scho repariert!
> Nur leider ist mir ein Passant
> Bevor er gstorbn is, einegrannt!"
> Da mischt der Gießhübl sich ein:
> „Na was is jetzt mit dein Führerschein?"
> „Nojo!" sag ich, „nojo, was soll schon sein?
> Da Papa wird's scho richtn
> Das ghöat zu seinen Pflichten
> Dazu ist er ja da!"

Hurdes trat im darauffolgenden Jahr von seinem Amt zurück.

Beim Qualtinger und seiner Umgebung ist eben der Schmäh g'rennt. Und wer nicht aufpasste, wurde von diesem Schmäh schon auch einmal, wenngleich nie ganz zu Unrecht, niedergerannt.

Und jetzt Schluss mit Qualtinger, und es folgt 'was Ernsthaftes. Jo, eh, oh Lektorin meines Vertrauens, das gibt's auch in einem Buch über den Schmäh. In Gestalt des Dichters Kobuk tritt es auf, das Ernsthafte. Die G'schicht habe ich Ihnen ja zu Beginn des Kapitels versprochen. Haben Sie noch Zeit, dass ich Ihnen die Sache mit dem grönländischen Starpoeten ein bisserl ausführlicher erzähle? Der Kobuk (Sie merken: *der* plus Nachname) ist schließlich nicht irgendjemand.

Es war so: Wir sind im Jahr 1951. Es herrscht der Kalte Krieg. Heute zieht niemand in Zweifel, dass der kulturelle Austausch zwischen Nationen sich eignet, gegenseitige Vorurteile abzubauen. In den 1950er- und 1960er-Jahren war „Völkerverständigung" freilich ein zentraler Begriff der sowjetischen Propaganda.

Wer im Westen sein Herz nicht nur anatomisch links trug, heftete ihn auf seine Fahnen. Der österreichische P.E.N.-Club war 1947 neugegründet worden, nachdem die Nationalsozialisten im Jahr 1938 seinen Vorläufer aufgelöst hatten. Der österreichische P.E.N. kümmerte sich zwar kaum um die neuen Strömungen der Literatur, politisch indessen flirtete man mit allen. Das lebende Symbol dafür war der P.E.N.-Österreich-Präsident Franz Theodor Csokor: Er war ein Antifaschist der ersten Stunde. Der österreichische Satiriker und Kritiker Hans Weigel jedoch warf ihm nicht von ungefähr vor, er versuche christlichen Konservativismus und Kommunismus unter einen Hut zu bringen. So war halt der österreichische P.E.N.-Club der Nachkriegszeit. Dementsprechend schrieb man in den Reihen der P.E.N.-Autoren „Völkerverständigung" nicht nur groß, man schrieb sie in Balkenlettern extra fett.

Diese sowjetisch inspirierte Form der Völkerverständigung zelebrierte nun die Dichtung anderer Völker nicht aus Gründen besonderer Qualität, sondern aus ethnischen Gründen – eben, weil es andere Völker waren. Wie mir mein leider schon lange verstorbener Freund Paul Wimmer, der diese Zeit als P.E.N.-Mitglied miterlebt hatte, einmal sagte (ich bitte um Nachsicht für die politisch inkorrekten Formulierungen, auch Wimmer hielt es mit dem Schmäh): „Wir hätten damals auch einen analphabetischen Indianer zum zukünftigen Literaturnobelpreisträger erklärt. Es wäre nicht um seine Gedichte gegangen. Die hätten noch so schlecht sein können. Was er geäußert hätte, ob das sinnvoll gewesen wäre oder poetisch, und wer es wirklich zu Papier gebracht hätte, wäre uns egal gewesen. Es wäre nur um eines gegangen: Dass er ein Indianer war."

In den Zeitungen hatte die Literatur eine wesentliche Stellung, Dichter und Schriftsteller galten etwas. Man wollte wieder den Duft der weiten Welt riechen nach dem kulturellen Mief des Nationalsozialismus. Ein interessanter Autor aus dem Ausland war eine Schlagzeile wert.

Da kam Kobuk gerade recht.

Das österreichische P.E.N.-Zentrum in Wien war sein Herold. Pausbäckig wie ein barocker Engel blies es die Fanfaren der Ankündigung. In offiziellen Schreiben an die Zeitungen avisierte der Schriftstellerverband die Ankunft des berühmten Eskimo-Dichters[32] aus Grönland für den 3. Juli 1951 auf dem Wiener Westbahnhof. Kobuk, geboren am 29. Februar 1889 in Iviktut (in anderer Schreibweise Ivigtût; heute Ivittuut) im Südwesten Grönlands, hatte 1927 mit dem Roman „Brennende Arktis" seinen Durchbruch gehabt. Darauf folgten „Kolchoz", „Song of the Iceman" und die Trilogie „Nordlicht über Iviktut (Of Ice and Men)". Die Theaterstücke „Verlassener Kajak", „Einsames Iglu" und „Die Republik der Pinguine" wurden als bahnbrechend eingestuft. Dass Kobuk auch etwas Populäreres schrieb wie den Schlittenhundroman „Heia Musch Musch", machte den Dichter aus dem hohen Norden irgendwie zum sympathischen Exoten unter den vielen Autoren, die sich gehütet hätten, für die breite Masse zu schreiben.

Nur um kein Missverständnis aufkommen zu lassen: Man darf sich Kobuk nicht als einen Autor vorstellen, der fern aller Zivilisation lebte und nicht mitbekam, welche literarischen Dinge sonst auf der Welt vorgingen. Immerhin war Kobuk befreundet oder befreundet gewesen mit dem dänischen Autor Martin Andersen Nexø, mit dem US-Amerikaner Jack London und mit dem Österreicher Stefan Zweig. Stilistisch gehörte Kobuk zu den magischen Realisten in der Verbindung von nordischer Mythologie und Gegenwartsthemen.

Die Literaturspezialisten in den Zeitungen sahen einander beklommen an. Offenbar waren ihnen die Werke des Polarkreis-Homers entgangen. Mein Gott, man konnte ja schließlich nicht alles gelesen haben, was außerhalb von Zentraleuropa an Nobelpreisverdächtigem gedichtet wurde! Lediglich einer, nennen wir ihn Konrad Marek, der stets alle Literatur der Welt kannte, erklärte seinen Redaktionskollegen, er habe seinerzeit „Brennende Arktis" gelesen, er finde das Buch im Moment leider nicht, aber die Sprachgewalt des Dichters habe ihn bei der Lektüre zutiefst beeindruckt.

So fand sich denn an jenem 3. Juli 1951 auf dem Wiener Westbahnhof die Crème de la Crème der Wiener Zeitungsfotografen und Kulturjournalisten ein, um Kobuk in Empfang zu nehmen. Wie würde er aussehen? Klein? Groß? Muskulös? Würde er normales Gewand tragen oder vielleicht grönländische Tracht? Was würden die ersten Worte sein, die Kobuk an die Journalisten richtet? Und in welcher

Sprache würde er sie sprechen? Grönländisch? Konnte er Englisch? Oder gar Deutsch? Immerhin: Er hatte mit Stefan Zweig und Jack London korrespondiert, und weder der eine noch der andere dürfte eine der auf Grönland beheimateten Sprachen gesprochen haben.

Die Zeitungen brachten hymnische Vorberichte. Wir warten auf Kobuk! Dann ist der große Moment da: Kobuk entsteigt dem Zug. Er trägt – im Juli! – eine dicke Mütze und einen wohlgepolsterten Wintermantel. So vermummt, ist sein Gesicht nicht zu erkennen. Ein paar der Anwesenden kommt er dennoch bekannt vor – vielleicht haben sie ihn ja auf Fotos gesehen. Immerhin: Er ist ja nicht irgendein Literat, er ist *der* Kobuk.

Dann rufen die Journalisten dem Barden der Polarregion genau die Frage zu, die man bei solchen Anlässen ganz automatisch zu stellen pflegt, obwohl sie völlig sinnlos ist, denn der Befragte hätte nur seinen Eindruck vom Bahnhof wiedergeben können. Diese Frage der Fragen lautet: „Wie gefällt Ihnen Wien?" Worauf Kobuk in breitestem Wienerisch antwortet: „Haaß is'." Dann setzt er die Kappe ab, öffnet den Wintermantel und zeigt allen sein wahres Gesicht. Es ist das des Oberschmähtandlers Helmut Qualtinger.

Das ist des Rätsels Lösung: Qualtinger hatte sich gegiftet, dass die Presse kaum über die Hollandtournee von seinem Studio der Hochschulen berichtet hatte. Wo, bitteschön, war denn da die Völkerverständigung? Oder waren die Niederländer am Ende kein Volk, mit dem man sich verständigen hätte müssen, weil man einander ohnedies verstand? Da kam Qualtinger die Idee, wie er dem ganzen Völkerverständigungszirkus einen Spiegel vorhalten könnte. Er fabrizierte den Eskimo-Dichter, fladerte[33] ein paar Bögen offizielles P.E.N.-Briefpapier, und darauf lud er die Journalisten und Fotografen zum Empfang auf dem Bahnhof. Völkerverständigungsbesessen wie sie waren, fielen sie prompt darauf hinein. Schließlich war gerade dem österreichischen P.E.N.-Ableger ein solcher Brückenschlag zwischen Grönlandeis und Donaublau zuzutrauen. Zumal Kobuk nicht nur dem magischen, sondern auch noch dem sozialistischen Realismus anhing. Wie sonst käme er zu dem Roman „Kolchoz"?

Dass wirklich niemand den Überschmäh Qualtingers bemerkte? Ich meine: „Brennende Arktis" ist als Titel eventuell möglich, aber „Die Republik der Pinguine"? Oder ein „Schlittenhundroman"? Und der überdeutlich an John Steinbecks Roman „Of Mice and Men" angelehnte Titel „Of Ice and Men"?

Es soll Journalisten gegeben haben, die rochen, was gespielt wurde, vielleicht nicht, dass der Qualtinger dahintersteckte, aber dass der Kobuk ein Riesenschmäh war. Andererseits schien ihnen das so irr, dass sie ihren dunklen Ahnungen keine Gestalt geben wollten. Es konnte einfach nicht sein. Was Konrad Marek (Sie wissen: der Literaturkenner, der als einziger „Brennende Arktis" gelesen hatte) zum Auffliegen des Schmähs sagte? Er soll steif und fest behauptet haben, er habe niemals auch nur angedeutet, er habe „Brennende Arktis" gelesen, ganz im Gegenteil, er habe gesagt, er habe *nie* etwas von einem Roman „Brennende Arktis" vernommen, und Literatur, die er nicht kenne, gäbe es nicht, also, liebe Kolleginnen und Kollegen, bitte genau zuhören.

Eigentlich wäre der Kobuk-Schmäh damit zu Ende. Aber manche Schmähs rennen noch selbst nach dem Erreichen der Ziellinie weiter, falls es eine solche für den Schmäh überhaupt gibt. Genau solch ein Nachspiel hatte die Kobuk-G'schicht.

Eine einzige Zeitung war Qualtinger nicht auf den Leim gegangen: Ausgerechnet die Arbeiterzeitung, kurz AZ genannt, sonst führend beim Thema Völkerverständigung, hatte niemanden zum Bahnhof geschickt. Entweder unterschätzte man die Bedeutung des „Eskimo-Dichters" oder man roch den schmäh-lichen Duft des literarischen Bratens. Doch gerade in der AZ erschien am 7. Juli, vier Tage, nachdem der Schmäh als solcher bekannt war, ein Bericht zu Kobuks Wiener Plänen.

Wie das geschehen konnte? Durch Schmäh. Wie sonst?

P.E.N.-Präsident Csokor höchstselbst nämlich hatte die Feuilletonredaktion der AZ über Kobuks Pläne in und für Wien informiert. Mit wem er gesprochen hat, ist nicht mehr herauszubekommen. Aller Wahrscheinlichkeit nach war es Otto Koenig, der Leiter des Feuilletons (und der Vater des Verhaltensforschers gleichen Namens).

Jedenfalls zweifelte jetzt die Redaktion: Könnte Kobuk doch echt sein? Immerhin könnte es Kobuk geben, er könnte nach Wien gekommen sein. Qualtinger könnte davon erfahren und dem grönländischen Poeten den Auftritt geklaut haben. Das würde bedeuten, Kobuk wäre keine Erfindung Qualtingers, sondern ein Opfer von Qualtingers Schmähführung.

Überhaupt: Kann man so etwas erfinden?

Und vor allem: Franz Theodor Csokor war für vieles

bekannt: Für sein diplomatisches Lavieren zwischen allen Lagern, für seine Dramen, die zu Burgtheater-Ehren kamen, für seine Stilkunst in den Romanen und für sein Pathos in seinen Reden, die er zu allen möglichen Anlässen wortgewaltig hielt. Wofür Csokor nicht bekannt war, das war Humor. Obendrein würde Csokor kaum die seiner eigenen politischen Überzeugung nahestehende AZ für einen Schmäh missbrauchen. Wenn Csokor selbst enthüllte, welche Pläne Kobuk in und mit Wien hatte, dann musste es Kobuk in Fleisch und Blut geben, und demnach waren seine Pläne eine Meldung wert.

So kam es, wie es kommen musste. Am 7. Juli erfuhr der AZ-Leser auf Seite 5 alles Wissenswerte über Kobuk und Wien: „Der Eskimo-Dichter traf auf Einladung des österreichischen PEN-Zentrums in Wien ein. Der Autor ist Verfasser mehrerer Romane, die ihm einen beachtlichen Leserkreis gesichert haben. Wir erwähnen hier nur ‚Brennende Arktis' (Berlin, 1927 erschienen), ‚Kocholz'[34] (Zürich, 1941 erschienen), den Schlittenhundroman ‚Heia Musch Musch'. Ferner wird seine grönländische Trilogie ‚Nordlicht über Iviktut' unter dem Titel ‚Of Ice and Man' von der Technicolor verfilmt. Außerdem hat er die Absicht, seine Stücke ‚Einsames Iglu' und ‚Verlassenes Kajak' in Wien aufführen zu lassen. Der Autor beschäftigt sich auch originellerweise mit dem Projekt, die Wiener Eisrevue zu einer Grönlandtournee zu bringen."

Natürlich kam das den AZ-Redakteuren seltsam vor: Die Wiener Eisrevue nach Grönland einladen? Aber was weiß man schon von Grönland? Wahrscheinlich wollen die Grönländer sehen, wie es die Österreicher mit dem Eis halten. Von wegen Völkerverständigung und so. Die anderen mögen Kobuk für einen Qualtinger-Schmäh halten, aber wir wissen es besser – dank Franz Theodor Csokor, der damit wieder einmal der AZ seine Freundschaft bewiesen hatte.

Dabei war das jetzt der totale Schmäh. Und Csokor, dem man vieles nachsagte, nur eben nicht Humor, gerade dieser Csokor, dem die AZ obendrein nahestand, genau dieser Csokor hatte der AZ diesen Streich gespielt?

Nicht wirklich. Jetzt war endlich auch die AZ auf Qualtinger hereingefallen, der registriert hatte, dass nur sie keine Berichte über Kobuk gebracht hatte. Erinnern Sie sich an Qualtingers Fähigkeit, Redeweisen zu imitieren? Ganz besonders gut gelegen ist ihm Franz Theodor Csokor.

Schmähohne.

Intermezzo: Im Freibad

Auf dem Gänsehäufl[35], ein schwüler Tag.

- Au weh!
- Wos is los? Wos ham S, Frau Schulla?
- Mi hod iagnd wos bissn.
- A Göösn …?
- Naa, des woa wos Gresas. A Bremsn woascheinlich. I wea mi glei eischmian.
- Jo, seng S, des kaun mia heid net bassian.
- Ah geh, wiaso denn net, Hea Kocourek?
- No, zweng dem, wos i gestan gessn hob.
- Des miassn S ma eaklean.
- Woan Sie neilich amoe bein Wiaschdlstaund am Plotz? Dea hod jetzt wegedarische Wiaschdln gaunz ohne Fleisch, so quasi a Schbinot oes Haaße.
- I waaß eh. Owa dass Sie sowas essn … Ich bewundere Sie!
- Eh net. I hob s net gwusst. I hob einebissn, no, mia is glei bessa wuan.
- Des glaub i. Und wos is jetzt mit de Göösn?
- Des woa dea Bissn von den wegedarischn Wiaschdl. Dea is ins Bluat einegaunga. Waun des jetzt a Göösn riacht, fliagt s glei wieda weg. Sie hom hoed a siaß Bluat, Frau Schulla, des schmeckt den Göösn bessa oes meins mit den wegedarischn Beigschmock.
- Heans auf mid eanare Schmäh!
- Schmähohne. Des nexte Moe, bevua ma ins Bod gengan, ess ma wegedarische Wiaschdl. Sie wean sehn, de Göösn wean an Bogn um Sie mochn.
- Naa, danke, Hea Kocourek, bevua i a wegedarisches Wiaschdl is, loss i mi liaba von de Göösn auffressn.

Noch ein paar Schmähtandler, ein Pülcher und vielleicht der Kreisler

Das muss ich Ihnen jetzt erzählen:

Der Schmäh ist immer g'rennt in Wien. „G'rennt ist grammatikalisch falsch", sagt die Lektorin meines Vertrauens bei einem Blick über meine Schulter. „Sprich, wie du schreibst, nicht: Schreib, wie Du sprichst."

Jo, eh. Ich weiß alles. Der Deutschprofessor in der Schule, Walter Haas hat er geheißen, hätte mir auf die Finger geklopft. Nein, hätte er nicht, genau genommen. Genau genommen hätte er in nachdrücklich breitem Wienerisch gesagt: „Heast, Buaschi, heit bist d' wieda amoe besonders debil, stö Di in d Eckn." Heute wäre ein solcher Satz ein Verstoß gegen 1001 Regeln. Damals jedoch wurde das noch lockerer gehandhabt. Es war ja sozusagen im Einverständnis mit den Schülern. Wir wussten, welche unserer Aktionen genau diesen Satz nach sich zogen. Gemeint war der Satz sowieso nicht wörtlich, sondern quasi symbolisch. Ich kann mich nicht erinnern, dass irgendeiner irgendwann einmal in irgendeiner Ecke gestanden wäre. Um wieviel origineller war dieser Satz, als wenn Haas ganz korrekt gesagt hätte: „Überprüfe bitte deine Grammatik, die Verbform ist nicht korrekt."

Schmäh? – Sowieso! Der Haas, und ich verwende den Volksadel hier, weil er für uns alle immer nur „der Haas" war und nie „der Herr Professor Haas", wie beispielsweise der Mathematikprofessor zumindest für uns schlechte Mathematiker immer „der *Herr Professor* Mayerhofer" war, der Haas also war ein Original. Obendrein haben wir was gelernt bei ihm, vom Beistrich bis zum Nibelungenlied.

Warum ich ihn hier anführe? – Weil ich mir geschworen hab', dass ich ihm einmal ein ganz kleines persönliches Denkmal setzen werde. Zeichnen kann ich nicht, daher kann ich seine kugelige Gestalt und sein rundes Gesicht mit der vorspringenden schmalen Nase, auf der eine überdimensionale Brille saß, nicht optisch vor Augen führen. Erinnern tu' ich mich freilich sowieso am besten an diesen „heast, Buaschi"-Satz. Und zum Schmäh passt er – und wie!

Mein Satz müsste, um zum Ausgangspunkt dieses Exkurses zurückzukehren, korrekt lauten: „Der Schmäh ist immer gerannt in Wien." „Gerannt", wenn nicht gar „der Schmäh lief immer in Wien". Aber wenn Sie einem Wiener gegenüber sagen: „Der Schmäh ist immer gerannt in Wien", dann riskieren Sie, dass Ihnen dieser Wiener sagt: „Heast, Buaschi, heit bist d' wieda amoe besonders debil, stö Di in d Eckn" – oder ein Äquivalent dazu. Weil der Schmäh nun einmal weder gerannt ist noch lief, ein Schmäh kann immer nur g'rennt sein. Das hätte auch der Haas so gesehen. Ein Schulschmähtandler reinsten Wassers war er nämlich, der Haas.

Und damit zum Schmäh, der in Wien immer g'rennt ist, aber ganz besonders g'rennt ist er wohl in der Nachkriegszeit. Da musste man sich durchwursteln. Ohne Schmäh wäre das ein Ding der Unmöglichkeit gewesen. Der Kreisler hätte am liebsten den ganzen Schmäh mit einem Skalpell herausoperiert und war dabei selber ein genialer Schmähführer. Und weil er gar so gut war, heb' ich ihn mir noch ein bisserl auf. Das Beste kommt ja immer eher weiter hinten oder gar ganz am Schluss.

Eigentlich ist das ganze Nachkriegs-Wien auf Schmäh gebaut. Die Lipizzaner, die Sängerknaben, die Kaiser- und Sisi-Nostalgie – alles Schmäh. Nachgerade therapeutisch wirkt der Schmäh zu jener Zeit, weil sonst die vorangegangenen 1000 Jahre, in denen man nur allzu gerne zu Hitlers Deutschem Reich gehört hat, allzu traumatisierend gewesen wären. Lieber Schmähführen als die Vergangenheit aufarbeiten. Wir sind in Wien. Nirgends sonst wäre das möglich gewesen. Seinerzeit war die Lady Montagu vom Phlegma der Wiener angesteckt. Jetzt infizierten die Wiener einander und die Besatzungsmächte noch dazu mit Schmäh. Österreich – das erste Opfer Hitlers. Das war gewissermaßen der Wiederaufbauschmäh.

Auf solchem schmähüberdüngten Boden wuchsen naturgemäß dessen besondere Pflanzen, sozusagen seine Orchideen. Das war das Kabarett, in Wien übrigens französisch ausgesprochen „Kabaré". Was daher kommt, dass man die Aussprache im Zweifel seit jeher an der des Hofes orientiert hat, und der Hof hat selbst anno Maria Theresia Französisch parliert. Die französischen Aussprachen haben sich gehalten bis in die Zeiten, in denen der Hof längst auf Deutsch sprach, und das Volk hat's nachgeahmt. Deshalb betont der Wiener beispielsweise den Kaffee auf der letzten Silbe und spricht den eindeutig italienischen Namen des Schlosses Belvedere „Belvedér" Und mit dem Kabarett hält er's ebenso.

Ich sag's gleich: Das Wiener Kabarett füllt ganze Bücher. Wer mit wem konnte, wer mit wem verfeindet war, wer nicht mehr mit wem auftrat, weil der eine mit der Konkurrenz fremdgegangen ist, was der andere nicht verzeihen konnte – das alles haben kompetente Leute teils wissenschaftlich, teils launig zu Papier gebracht. Mich interessiert nur der Schmäh vom Kabarett.

Den Qualtinger haben wir bereits kennengelernt aber seinen Co noch nicht, den Bronner. Zeit wird's.

Gerhard Bronner ohne Qualtinger war gut, wie ja auch der Qualtinger ohne den Bronner gut war und als Herr Karl einzigartig – des gedachten wir schon. Aber zusammen, der Bronner mit dem Qualtinger (und bitte die beiden immer in dieser ein für alle Mal eingeführten und nie veränderten Reihenfolge nennen, sonst glaubt man noch, Sie seien ein Ahnungsloser in Sachen Wiener Kabarett), die beiden miteinander also waren unschlagbar, vor allem mit dem Herrn Travnicek. Wer etwas über Schmäh wissen will, hört sich am besten diese Doppelconferencen an. Falls das überhaupt welche sind. Darüber könnte man streiten.

Wer die Doppelconference wirklich erfunden hat, lässt sich nicht mit Bestimmtheit sagen. Die Geschichte des Kabaretts verlegt ihren Ursprung nach Budapest. Nach Wien gebracht oder für Wien erfunden oder vielleicht in der heute bekannten Form überhaupt erfunden hat sie Karl Farkas. Logisch, weil Farkas ja Ungar war? – Mitnichten. Ich hab das mit eigenen Ohren gehört von jemandem, der eigentlich als Experte für solche G'schichterln gilt, weshalb ich auch seinen Namen ungenannt lasse, Gnade ergeht vor Recht. Denn in diesem Fall sind seine Quelle und er dem Wiener

Namensschmelztiegel aufgesessen. Farkas ist zwar ein ungarischer Name, doch so, wie eine Frau Brezina und ein Herr Nowotny keineswegs Tschechen sein müssen, so ist ein Herr Horvath nicht zwangsläufig Ungar, und auch der Farkas war ein echter Wiener.

Das Prinzip der Doppelconference Marke Farkas ist einfach: Zwei Schauspieler führen ein Gespräch, einer mimt einen intelligenten Zeitgenossen, einer einen dummen. Der „G'scheite" erklärt dem „Blöden" die Zusammenhänge, der „Blöde" kommentiert sie naiv und enthüllt dabei ungewollt die Absurditäten. Der Farkas war stets der G'scheite, seine Partner waren zuerst Ernst Waldbrunn und später Maxi Böhm. Die Farkas-Doppelconferencen sind heute noch legendär, wenngleich man ihnen anmerkt, dass der Probenfanatiker Farkas ihnen die Spontanität gründlich ausgetrieben hat.

Damit zum Bronner und dem Herrn Travnicek. Wie es so ist am Kabarett: Geschrieben haben immer mehrere, im konkreten Fall Qualtinger und Carl Merz. Bronner spielt den namenlosen G'scheiten – nur, dass der von Qualtinger gespielte Travnicek kein Blöder ist, sondern ein raunzender Wiener Kleinbürger, der sich in seiner Heimatstadt mit Schmäh durchs Leben wurschtelt und mit demselben Schmäh das Ausland in Schrecken versetzt. Nach einer Gruppenreise in die Sowjetunion etwa zieht Travnicek das Resumee: „Was glauben 'S, was mir für a Hetz g'habt ham. Lauta so Buaschn wia r i. D'Leut ham 'ma ang'stänkert … D' Russen ham si g'furchten …" Worauf der G'scheite, also der Bronner, in Anspielung auf die ungeliebte russische Nachkriegs-Besatzungsmacht meint: „Ich verstehe

Ihre Motive, Travnicek. Sie wollten sich für das Jahr 1945 revanchieren." Worauf dieser entgegnet: „Owa naa. Mir benehmen uns überall so, wo mir hinkommen. Lauta so Buaschn wia r i."

Wobei aber auch der namenlose G'scheite nicht wirklich ein G'scheiter ist. Der Bronner legt ihn als den typischen Nachkriegs-Optimisten an: Alles Neue findet er gut, in allem sucht er das Positive, selbst, wenn er eine Lupe dafür braucht oder gar ein Mikroskop. Österreich ist einfach herrlich. Der Bronner kann das so bringen, dass man ihm die Schwärmerei für die zukunftsträchtige Gegenwart glaubt. Das ist natürlich ein Schmäh, weil der Bronner ein wahrer Intellektueller war, der genau wusste, in welche Wunden er Salz streuen musste, damit es den gerade erst entnazifizierten Österreichern so richtig weh tut.

Ob der Bronner nur auf der Bühne oder auch im richtigen Leben ein Schmähtandler war? Jetzt kann ich natürlich mit dem Schmäh daherkommen, dass die Bühne sowieso das richtige Leben ist. Zumindest für einen Schauspieler gilt das, und für einen Kabarettisten und für die Theaternarren im Publikum genauso, und da fast alle Wiener Theaternarren sind, könnte man sagen, der Satz gilt wienweit. Schmähohne betrachtet war der Bronner im nichtkabarettistischen Leben ein ganz ernsthafter Herr mit einem gesunden Humor. Sein Schmäh auf der Bühne war Schmäh.

Das freilich ist nicht typisch für den Bronner. Ich muss Ihnen jetzt ein Wiener Geheimnis verraten, aber, bitte, sagen Sie's nicht weiter: Viel von dem Schmäh ist nämlich Schmäh, und ganz besonders gilt das, wenn die Bühne im Spiel ist oder der Film. Zum Beispiel ist der Hans Moser der Inbegriff von Schmäh. Allein, dass er mit dieser nuscheligen Sprache Karriere als Schauspieler machen konnte – und was für eine obendrein! In Wien ist Volksschauspieler gleichgesetzt mit dem Moser. Die seichteste Pointe verwandelte er noch in einen Schmäh, und seine Interpretation von Wienerliedern, praktisch gesprochen, durch den Klang der Sprache aber schon wieder gesungen, ist unvergleichlich. Nur war das alles gespielter Schmäh. Natürlich verwandelte sich der Moser dabei in einen Schmähtandler und war damit ein echter Schmähtandler für die Dauer eines Films oder eines Theaterabends, sonst hätte es ja nicht geklappt. Aber der Privatmensch Moser war dem Schmäh eher abhold. Doch seine Rollen bilden den Schmäh quasi originalgetreu ab. Das machte den Moser zu dem Volksschauspieler schlechthin.

Volksschauspieler gab es freilich auch andere, den Paul Hörbiger etwa und den Fritz Muliar und den Josef Meinrad, der überhaupt eine besondere Kategorie war, denn er vereinigte in seiner Person den Volksschauspieler und den Schauspieler für die großen klassischen Rollen.

Aber als Volksschauspieler kommt bis heute keiner dem Moser gleich.

War ich zuvor nicht beim Bronner, ehe ich auf den Moser gekommen bin? – Ach ja, was ich da noch anführen wollte: Der Bronner und der Wehle haben das Lied „A g'sunder Schmäh" geschrieben, in dem es über den Schmäh heißt: „Gspaßig muaß a sein, hoamlos soll a sein". Das beschreibt den Wert des Schmähs recht gut. Womit ich zu einem Schmähtandler komme, der erstens kein Wiener war und zweitens ein Pülcher[36] und ein Griasler[37], also gar nicht harmlos, aber er g'hört da her unter die Schmähtandler. Was soll ich denn tun? Wie heißt das Gedicht vom Artmann? – „wos unguaz". Das muss jetzt sein. Leider.

Reden wir also von Udo Proksch. Am Ende war er ein verurteilter Mörder mit sechs toten Seeleuten auf dem Gewissen. Begonnen hat er als Schmähbruder reinsten Wassers. Mitte der 1950er Jahre kam Proksch nach Wien, um an der Akademie für angewandte Kunst in Oswald Haerdtls Meisterklasse für gewerblich-industrielle Entwürfe zu studieren. Obwohl Proksch aus Rostock stammte, verstand er den Wiener Schmäh quasi auf Anhieb, und das in einem Ausmaß, dass der Rostocker bald als echter Wiener durchging.

Proksch gab sich als Designer ein Pseudonym, in dem französischer Stil und ein Klang nach alter Wiener Noblesse zusammenflossen: Serge Kirchhofer. Schon dieser Name zeigt sein Talent für Schmäh, und das weist er obendrein bei dem Namen für einen Sohn nach, dem er die drei Vornamen Drusius Ingomar Stefan zudenkt, damit dieser sich, ohne vorerst studieren zu müssen, ganz legitim, nämlich per Abkürzung, Dr. Ing. Stefan Proksch nennen kann.

Proksch kommt aus kleinen Verhältnissen, aber er betreibt eine Heiratspolitik, die jener der Habsburger nachgeahmt scheint. Anders gesagt: Er heiratet in die besseren Kreise ein. Von 1962 bis 1967 dauert die Ehe mit der österreichischen Burgschauspielerin Erika Pluhar, 1967 bis 1968 ist er mit Daphne Wagner, der Urenkelin des Komponisten Richard Wagner, verheiratet, 1969 ehelicht er Ariane Glatz, eine Journalistin aus begütertem Haus, wenig später ist Cecilie Christine Caroline Maria Immaculata Michaela

Thadäa Altgräfin zu Salm-Reifferscheidt-Krautheim und Dyck seine Lebensgefährtin.

Sie verhilft Proksch zu seiner eigentlichen Karriere: Er wird Zuckerbäcker und auf der Basis von Wiens nobelster Konditorei ein Netzwerker wie wenige vor ihm. Der Maler Friedrich Ludwig Berzeviczy-Pallavicini aus altem österreichisch-ungarischen Adel war der Besitzer der K. u. K. Hofzuckerbäckerei Demel. „K. u. K." heißt „Kaiserlich und Königlich" entsprechend dem Stand des letzten österreichischen Monarchen als Kaiser von Österreich und König von Ungarn. Obwohl alles Adelige in Österreich abgeschafft ist, führen die ehemaligen „K. u. K."-Geschäfte, also jene, die seinerzeit Hoflieferanten waren, die Bezeichnungen weiter. Ein Reklameschmäh, wenn man so will. Berzeviczy-Pallavicini hatte sich mit einer Restaurierung der Konditorei finanziell übernommen. Proksch trat verdeckt auf, ein Berzeviczy-Pallavicini hätte selbst in höchster Geldnot kaum unter Stand verkauft. Im Jahr 1972 erwarb Proksch mit dem Geld seiner Lebensgefährtin das noble Lokal am Wiener Kohlmarkt für 18 Millionen Schilling[38].

Und dort ließ er jetzt den Schmäh rennen. Denn im darauffolgenden Jahr gründeten die Politiker Leopold Gratz, Hannes Androsch und Fritz Marsch dort den „Club 45", einen Herrenclub der Sozialistischen Partei Österreichs, der SPÖ. Karrieren entstanden im „Club 45", andere wurden zuschanden. Schmäh überall, bis in die höchste Politik hinein. Nach der Versenkung der „Lucona", mit der Proksch einen Versicherungsbetrug begehen wollte und die sechs Seeleuten das Leben kostete, ging auch der „Club 45" unter. 1992 wurde er offiziell für aufgelöst erklärt.

Das alles nur der Vollständigkeit halber. Mir geht es ja um den Schmäh, mit dem Proksch, ehe er zum Verbrecher wurde, seinen Freundeskreis in Atem hielt. Zum Beispiel verstand er, dass die Wiener ums Begräbnis einen besonderen Kult machen, nicht nur um die scheene Leich', sondern um die Art des Begrabenwerdens an sich. Wir erinnern uns an den Klappsarg, den Kaiser Joseph II. so gern eingeführt hätte. Proksch gründete den „Verein der Senkrechtbegrabenen". Seine Mitglieder sollten testamentarisch verfügen, dass ihre Leichen in Plastikröhren eingeschweißt und senkrecht in die Erde gestellt würden. Das Ziel war erklärtermaßen einerseits, die Plastikindustrie anzukurbeln, andererseits den Platzmangel auf Friedhöfen zu lösen. Nun gut, die Plastikindustrie war bei Vereinsgründung um 1970 wirklich erst in den Kinderschuhen, aber die Physik lehrt, dass der Platzverbrauch identisch ist, ob nun ein Körper senkrecht oder waagrecht begraben wird. Egal – war ja sowieso nur ein Schmäh.

Ein anderer Proksch-Schmäh hatte bösartigere Züge und ahnte diverse Science-fiction-Romane und -Filme voraus. Proksch verfiel nämlich auf die Idee, fern einer Siedlung ein Areal abzustecken. Auf diesem könnte dann, wer dazu Lust verspürt, mit echten Waffen und scharfer Munition Krieg spielen. Die Vorstufe dazu war der Verein CUM (Civil und Militär), der auf Geheiß des parteilosen Verteidigungsministers Karl Lütgendorf aus Bundesheerbeständen ausgemusterte Lastwägen und sogar Flugzeuge bekam.

Über den Club 45 hat einer der begnadetsten echten Schmähtandler, der Falco, den Song „Wiener Blut" gemacht. In ihm heißt es:

Wiener Blut
Mit Mord und Totschlag hab'n wir nix am Hut
Doch sind für eine Hetz wir immer gut
Für Dich und mich in Wien.
Wir präsentieren Wien
Auch im Club 45 samma drin
Dort sind wir unter uns und dann sehr intim
Im Stehn, im Falln, im Liegen,
Wir präsentieren Wien.

Womit ich den Schmäh aus seinen Niederungen heraus mit jenem Falken zu einem Höhenflug führen will. Der Falco hat schon mit seinem Künstlernamen Schmäh geführt. Weil man da rätselt: Meint er den Raubvogel? Oder hat es was mit Peter Falk zu tun, dem populären „Inspector Columbo"? Immerhin sang Falco den Song „Der Kommissar geht um". Oder ist es eine Anspielung auf die Zigarettenmarke Falk? Ist alles behauptet worden. Stimmt alles nicht. Falco ist ein Zufallstreffer. Am 1. Jänner 1978 schaute sich Johann Hölzel in Berlin die Fernsehübertragung vom Neujahrsspringen an. Dabei faszinierte ihn der deutsche Skispringer Falko Weißpflog dermaßen, dass sich der Musiker dachte: Das ist es, das ist der Name. Nur das „k" tauschte er gegen das internationaler wirkende „c". Und wie der eine auf Skiern durch die Luft flog, so flog der andere auf seinen Rhythmen durch das Musikgeschäft.

So texten – das muss einer können! Das ist Schmäh pur mit den Übertreibungen, der Ironie, den Doppelbedeutungen. „Oh, Mutter, der Mann mit dem Koks ist da. / Ja, mein Junge, das weiß ich ja. / Ich hab kein Geld und du hast kein Geld. / Wer hat den Mann mit dem Koks bestellt?", sang

Falco, der aus einer Generation stammt, die sich noch gut daran erinnern konnte, wenn der Kohlenhändler die Fuhre Koks brachte, mit der man im Winter die Öfen heizte. Und Falco konnte sich auch daran erinnern, dass der Koks empfindlich teurer wurde, je später das Jahr war, und dass in langen Wintern manch einer fror, weil der Koks zur Neige ging und das Geld nicht ausreichte. (Bei der Frau Barischitz freilich wär' alles vergebens gewesen, weil der ja das Feuer eingefroren ist.) So nebenbei bemerkt: Klingt das nicht ein wenig nach dem Lied aus „Des Knaben Wunderhorn": „Mutter, ach Mutter, es hungert mich / Gib mir Brot, / sonst sterbe ich"?

Aber dann kippt die Sache, und der Koks kriegt die Doppelbedeutung Kokain und die Kohle die von Geld: „Das schwarze Gold ist weiß geworden / Man nehme eine einfache Rezeptur / Und aus Koks wird wieder Kohle / Wärme, Behaglichkeit, Energie / Mutter, oh Mutter, der Mann mit dem Koks ist da."

Falco hatte Drogenprobleme, er gestand sie ein. Vielleicht war sein Pech, dass er Schnee und Schmäh durcheinanderwarf: „Den Schnee, auf dem wir alle talwärts fahren, / kennt heute jedes Kind", rappte Falco. Schnee – auch das ist eine Doppelbedeutung für Kokain. Niemand kann sich dem Schmäh Falcos verschließen: Seine flapsigen Interviews, in denen sogar noch die Ehrlichkeit Pose ist, die Verwandlung von Niederlagen in heroische Tragödien: der Held, der aus freien Stücken den Untergang wählt wie seinerzeit Siegfried aus der Nibelungensage, der lieber kurz und glanzvoll lebt, als lange und ruhmlos. Keiner beherrscht das Schmähführen so wie Falco, jede Geste, jedes Lächeln ist

Schmäh bei ihm, jede Pose als Pülcher oder als Schnittlauch auf allen Schickeria-Suppen, die er zugleich liebt, braucht und verachtet, ist Schmäh. Doch in Wahrheit ist der Falke ein Ikarus. Aber nicht die Sonne ist es, die das Wachs seiner Flügel aufweicht, er verbrennt an sich selbst. Am 6. Februar 1998 endet sein Leben und sein Mythos beginnt. Selbst der ist noch voller Schmäh, voller G'schichten und G'schichterln, und die zusammengeschwindelten sind vielleicht die wahrsten.

Wo aufhören mit den Schmähtandlern und den Schmähführern? Ist es nicht gleichgültig, ob sie nur auf der Bühne oder im Film schmähgeführt haben wie der Moser und der Bronner, oder ob sie's auch im normalen Leben mit dem Schmäh gehalten haben, wie der Falco? Den Peter Alexander müsste man nennen und den Gunther Philipp, den Ossy Kolmann mit seinem Knautschgesicht, das immer zu lachen schien, die Jazz-Gitti, den Michael Niavarani und die Marianne Mendt und so weiter und so fort. Den Kolmann holte der Farkas ans „Simpl", die Mendt entdeckte der Bronner, der für sie den Liedtext „Wie a Glock'n" schrieb (man muss eigentlich sagen: dichtete), der Niavarani ist seit 1993 künstlerischer Leiter vom Kabarett Simpl, dessen Nachkriegsruhm das Werk vom Farkas war. So zieht der Schmäh seine Kreise und bildet Geflechte wie das Myzel der Pilze.

Nur einer, der stand immer als ein ganz eigener da, das war der Georg Kreisler. Der müsste jetzt drankommen. Aber ich habe gerade beschlossen, dass ihm ein eigenes Kapitel gehören soll. Ein Intermezzo noch – und dann ist wirklich der Kreisler dran.

Schmähohne.

Intermezzo: Im Taxi

Im Taxi, ein beigefarbener Mercedes, alles sauber, nur ist die Hinterbank leicht durchgesessen, und der Wunderbaum würde Nadelduft verströmen, wäre er nicht längst ausgeraucht.

- Do stengan ma jetzt. San s ma net bees, des kaun i net wissen, dass do jetzt a Stau is. Um zehne is no flüssig gaungan. Hom S as eh net gnedig? Des is guat. Wissen s, amoe how i den … den … Jetzt foed ma da Naman net ei, dea Schauspiela, der gfüüde, wissen s eh, wen i maan. Eana foed da Naman aa net ei? Do bin i beruhigt. Bei mia is des wia da Alzheima, waun i an Naman hea. I meak ma kaan, grod no mein eiganen, owa mei Frau sogt imma: Iagendwaun wiast net wissen, dass d Josef Kocourek haaßt. Oiso, dea Schauspiela steigt ei bei mia bein Buagtheata, gaunz gschwind muaß a am Küniglbeag, weu a duat wos aufnehma muaß füas Feansehn, fia a Foege von „Sonderkommission Donau". „Die wird in drei Wochen gesendet", hod a gsogt. Gnedig hod a s ghobt. I foa los, fümf Minutn späta steck ma in Stau. I kaun ja aa nix dafia. Gaunz neavös is a wuan. „Bitte fahren Sie, der Regisseur wartet." Wos soi i tuan? Nix bewegt si. Ea ruaft mi n Händy au: „Ich stecke im Stau. Der Fahrer tut nicht weiter. Ich weiß auch nicht, was ich machen soll. Bitte drehen Sie die andere Szene zuerst, die mit dem Hund. Ich bin gleich da." I sog eam, von glei is woascheinlich ka Red, owa ea klopft mit seine Finga auf die Owaschenkl, rutscht hin und hea, dann wiad a laut: „So fahren Sie doch endlich!" I drah mi zu eam um und sog: „I forad jo eh, owa de aundan foan net. Soi i eana valeicht an Hubschrauwa kumma lossn?" Gaunz stüü wo r a. Nix mea hod a gsogt. Noch a boa Minutn is daun eh weitagaungan. Net amoe a Drinkgöd hod a gebn, der neidiche Hund. I hob eam jo nia megn. Scho vuahea net. Imma so „ich bin was Besseres als du", waun a in Feansehn woa. Vastengans mi? Dabei woa r a nie ana von de gaunz Großn, nua glauben tuat a s. Owa wissen's wos? I schau ma de „Sonderkommission Donau" imma au. Zwaa Wochn späda schau i – ea is net dabei. Drei Wochn späda – ea is net dabei. Deng i ma: Wea waaß, haums am End zwa Foegn vatauscht. Via Wochn späda – do is a oede Frau mit an Hund oes Zeugin. Ea hod jo gsogt, se soen des mi n Hund zerscht mochn. Ea owa is wieda net dabei. Nia woa r a dabei, ka anziges Moe net. Außegschnittn weans ihn hom, weu a z spat kemma is.

- Schmähohne?
- Schmähohne. Des hob i eam vagunnt, den neidichn Keal. So, weida geht's. Amoe is dea Bolidika mit mia gfoan, wissens eh, dea mit da großn Brüün und da Glotzn. Im kumm net aufn Naman, i brauch s goa net brobian. Na, des woa wos. Des muaß i eana gschwind no dazöön …

ABER JETZT!
EIN GANZ SCHWARZER SCHMÄHTANDLER

Das muss ich Ihnen jetzt erzählen:

Der Tod und Wien, das g'hört z'samm wie Wien und der Wein und wie der Wein und der Tod in Wien. Darum g'hören auch der Kreisler und Wien z'samm und der Kreisler und der Tod. Ein bisserl was davon werd' ich Ihnen auch im Kapitel über den Schmäh und den Tod erzählen. Ich kann ja nicht alles an Ort und Stelle ins Kapitel hineinpressen. Da bliebe ja der Schmäh auf der Strecke, da rennt er nicht mehr, sondern liegt vollgestopft darnieder und muss verdauen. Deshalb hab' ich jetzt einmal den Kreisler gewissermaßen ausgegliedert.

Georg Kreisler war immer unangepasst, nicht als Pose. Er war's wirklich. Er war eine einmalige Erscheinung: Als einer der ganz wenigen Kabarettisten war er ein echter Dichter und ein echter Komponist. Hätte der Kreisler nicht seine eigenen Texte vertont und gesungen – wer weiß, ob es dann nicht längst eine Gesamtausgabe seiner schriftstellerischen Werke gäbe? So aber setzt man vor das Wort „Kabarettist" allzu leichtfertig das Wort „nur" und glaubt, dass einer, der seine eigenen Texte vertont und auch noch selber singt, kein echter Dichter sein kann, und ein echter Komponist eigentlich auch nicht. Das jedoch hat er nicht verdient, der Kreisler.

In den USA hat er sich das Leben mit Klavierspielen finanziert und beim Film gearbeitet. Unter anderem war er Charlie Chaplins Pianist: Immer, wenn Chaplin in Filmen Klavier spielt, stammt die Tonaufnahme vom Kreisler. Drei Schallplatten hat der Kreisler in den USA aufgenommen, aber sie wurden nicht veröffentlicht. Es lag an Kreislers Schwarzem Humor. Den mochten die Amerikaner nicht.

Zu Wien passte er indessen ganz hervorragend – bloß, dass Kreisler partout kein Wiener sein wollte, nicht einmal Österreicher. Dafür hatte er gute Gründe. Nach der Machtübernahme Hitlers im Jahr 1938 wurden alle Österreicher zu Deutschen, Österreich war schließlich nur noch als „Ostmark" Teil des Deutschen Reichs. 1945 erklärte der Staat Österreich alle seine Bürger wieder zu österreichischen Staatsbürgern. Das betraf jedoch nur jene, die Zwangsdeutsche gewesen waren. Um die Emigranten scherte sich niemand. Kreisler war nicht der einzige. Aber Kreisler war derjenige, der Österreich und ganz besonders Wien, schon allein durch sein Leben und seine Haltung, einen Spiegel vorhielt.

Selten war der Schmäh so böse wie beim Kreisler. Da hebt eines seiner Lieder, „Bidla buh!" (bitte, fragen Sie mich nicht, was das heißt) ganz bittersüß an:

> Es ist traurig, wenn die Liebe erkaltet.
> Es ist furchtbar, wenn die Liebe vergeht.
> Doch wie kann man von Liebe erwarten,
> dass sie immer und ewig besteht?

Ja, so ein gebrochenes Herz, das ist schlimm. Wie es der Ich-Erzähler schafft, darüber hinwegzukommen? Ganz einfach: Kathrein schlitzte er die Kehle auf („und wegen dem bissel Schlitzen wird sie nicht böse sein"), dann nahm „Jeannine eines Tages ein Aspirin. / Also: Das war kein Aspirin, das war Strychnin", Adelheid landete nahe Dürnstein in der Donau, Lola endete auf Bahngeleisen und Rosemarie stürzte vom Turm. Alle freilich hat er noch mehr geliebt nach ihrem Tod. Außer Sonja, die verlangte, er möge sich versichern lassen. Die hat er erschossen und liebt sie auch nicht mehr. Aber er hat sowieso wieder eine wirklich schöne Frau gefunden, „und jetzt darf ich's nicht verpassen, mir das Messer schleifen z' lassen."

Das war kein neuer Schmäh, dieser lockere Umgang mit dem Sensenmann. Der Tod als Hawara[39], das kennen die Wiener, und prinzipiell mögen sie's ja auch. Nur der Schmäh vom Kreisler, der hatte – „wos unguaz", wie Artmann gesagt hätte. „Als der Zirkus in Flammen stand" und die Tiere reihenweise vor der gaffenden Menge verbrennen, gibt das ein riesiges Aufsehen, aber

> Keiner spricht heut' mehr vom Lehrer Harald
> Der ein Kind erwürgte und entfloh
> Denn das Kind war höchstens sieben Jahr' alt
> In dem Alter merkt man's noch nicht so.

Das bekannteste aller Kreisler-Lieder ist „Taubenvergiften im Park". Was kann man an einem sonnigen Frühlingstag, wenn überall das Leben sich regt, unternehmen? Na, zum Beispiel:

> Gehn wir Tauben vergiften im Park!
> Wir sitzen zusamm' in der Laube

Und ein jeder vergiftet a Taube
Der Frühling, der dringt bis ins innerste Mark
Beim Tauben vergiften im Park.

Es setzte einen Skandal. Der ORF, der österreichische Rundfunk, verhängte ein Sendeverbot. Das Lied ist zynisch, stimmt schon, aber der Kunst gleich mit Verboten zu Leibe rücken – da war doch eben etwas gewesen in nicht allzu lange zurückliegender Vergangenheit, und eigentlich wollte man damit nichts mehr, aber schon gar nichts mehr zu tun haben.

Aber der Kreisler trieb es zu weit mit der künstlerischen Freiheit. Der Kreisler nämlich schrieb und sang zwar vom Vergiften der Tauben, aber was man verstand, waren die Morde der Nationalsozialisten an den Juden. Ich weiß nicht, ob der Kreisler das wirklich meinte oder nur seinem bösartigen Schmäh freie Bahn ließ. Es ist jedoch gleichgültig. So ist es schließlich immer wieder bei großer Literatur – und als solche bezeichne ich Kreislers Texte: Oft ist nicht wichtig, was der Autor wirklich sagt, sondern der Subtext ist es, auf den es ankommt.

Mit dem lustvollen Töten von Lebewesen jedenfalls hat der Kreisler die Wiener ins Mark getroffen. Der Bronner hat ihm vorgeworfen, das Lied „Poisoning Pigeons in the Park" von Tom Lehrer plagiiert zu haben, und dieser pflichtete Bronner bei. Kreisler bestritt es. Und wenn schon – Bertolt Brecht nannte schließlich auch nicht alle seine Vorbilder, und sein „Kanonensong" ist *von* Brecht (und natürlich dem Komponisten Kurt Weill) und nicht *nach* Rudyard Kipling.

Für mich ist der Höhepunkt von Kreislers schwarzem Schmäh das Lied „Du hast ja noch dein Grab":

Du hast ja noch dein Grab, um dich drin zu freuen!
Du hast ja noch den Tod und was nachher bleibt!
Sobald dein Hirn verfault, wirst du nichts bereuen
Und dann gibt es niemand, der dich weitertreibt.

Oh Schreck – was, wenn es gar eine Wiedergeburt geben sollte? Bei Kreisler wird es zu einem Reinkarnationstanz, gegen den ein herkömmlicher Totentanz ein federleichter Linkswalzer ist.

Vielleicht kommst du als Kalb und wirst geschlachtet –
Vielleicht kommst du als Veilchen, dann wirst du gepflückt!
Als Stinktier wirst du bestenfalls verachtet –
Als Floh wirst du in jungen Jahr'n zerdrückt

Mensch und Tier ist im Universum Kreislers sowieso nur Kümmernis zugemessen:

Für Menschen gilt dasselbe wie für Mikroben
Für Säugetier, für Fisch oder für Insekt
Die Freude ist im Grund ziemlich selten oben –
Meistens bleibt sie unten tief im Grab versteckt!

Soll ich Ihnen mein persönliches Kreisler-Geheimnis verraten? – Für mich erschließt sich mit diesem Lied, na ja, vielleicht nicht der ganze Kreisler, aber großer Teil seines Werks. Ich lese das nicht so zynisch und misanthropisch, wie es stets dargestellt wird. Ich glaube, es ist genau anders herum: Kreisler war kein Menschenfeind, sondern er verachtete das Leben, weil es auch Unglück und Tod bringt. Er litt an der Welt und den Menschen. Aber er liebte sie und litt an ihnen, wie nur große Liebende leiden. Seine Art, diese

Liebe zu zeigen, war, gegen all das anzudichten und gegen all das anzusingen, was er an der Welt und den Menschen nicht lieben konnte.

Das schließe ich aus dem gnadenlosen Blick, den er auf sich selbst hatte. Im Alter trat er nicht mehr mit seinen Liedern auf. Er fände es falsch, sagte er: „Bei einem Lied kommt es ja auch auf den Text an, und worüber soll ein alter Mann singen? Über die Liebe? Lächerlich! Über seine Träume? Wen interessiert das? Wenn er seine Träume sein ganzes Leben lang nicht verwirklichen konnte, soll er es bleiben lassen! Über Politik? Er hat doch keine Zukunft mehr. Über den Tod? Peinlich!" Dennoch hat der Tod den Kreisler immer als Thema begleitet. Schmerzvoll war es oft, peinlich nie.

Kreisler hat dann sehr viel geschrieben, Gedichte, Prosa, den Roman „Alles hat kein Ende", einen früheren, „Ein Prophet ohne Zukunft", hat er später überarbeitet. Was wenige wissen: Kreisler hat in dieser Zeit nach dem Kabarett intensiv komponiert. Es entstanden die Opern „Der Aufstand der Schmetterlinge" und „Aquarium oder: Die Stimme der Vernunft".

1989 brach dann die gegenseitige Abneigung von Kreisler und Bronner auf. In Kreislers Erinnerungsbuch „Die alten, bösen Lieder" kommt der Bronner nicht gut weg. Kreisler wirft ihm vor, ein rücksichtsloser Geschäftsmann gewesen zu sein und, schlimmer: oberflächliches Kabarett gemacht zu haben. Bronner habe alle Fäden gezogen, Kreisler in Wien zu verhindern.

Die beiden sind halt Rivalen gewesen. Aber die Auseinandersetzung ging wirklich sehr weit. Sie verschärfte sich, als Kreislers Buch aus dem Handel verschwand und nicht nachgeliefert werden konnte. Eine Neuausgabe in einem anderen Verlag ist an den kritischen Stellen gekürzt und bearbeitet. Laut dem ursprünglichen Verlag Ueberreuter hatte ein Wasserschaden die Auflage vernichtet. Weshalb keine zweite gedruckt wurde? Der Kreisler glaubte an Machenschaften vom Bronner. Der Bronner wiederum beschuldigte in seiner Autobiografie „Spiegel vorm Gesicht" den Kreisler, hemmungslos plagiiert zu haben.

Leicht gemacht hat es der Kreisler seinen Zeitgenossen nicht. Für mich war er das größte Genie des Wiener Kabaretts, ein wirklicher Dichter. Und des Todes oberster Schmähtandler war er.

Schmähohne.

Der Tod ist ein Schmäh

Das muss ich Ihnen jetzt erzählen:

Die Wiener und der Tod – das muss Liebe auf den ersten Blick gewesen sein! Der Tod übt auf die Wiener eine Faszination aus, wie sonst nur noch der Wein. „A scheene Leich", das bedeutet etwas in Wien. In der griechischen und römischen Antike war ein guter Tod der würdige Abschluss eines Lebens. Die Art des Todes vermochte das Leben aufzuwerten. In Wien ersetzt die „scheene Leich" den guten Tod. Bei der „scheene Leich" fühlt sich der Wiener endlich einmal als die Hauptperson anerkannt, als die er zu Lebzeiten nicht wahrgenommen wurde. Endlich kein Grant, kein Leut' Ausrichten, nur nette Worte werden über einen gesagt. Geradezu gefeiert wird man. Da kann man die kleine Unbill schon hinnehmen, dass man für solch ein Erlebnis zuerst sterben muss.

Die Zeremonie will entsprechend begangen sein. Der Pompfüneberer[40], Wienerisch ausgesprochen „Pompfünewara", tritt auf als dunkel gekleideter Amtmann. Sein Gewand ist dunkelgrau mit hellgrauen Borten, er trägt eine Kappe, die an jene der Straßenbahnschaffner früherer Tage erinnert, als würde er den Toten nicht wie einst Charon ins Jenseits fahren, sondern mit der Tram, mit der das Hinscheiden in Wien ohnedies verbunden ist, wie wir gleich erfahren werden, und wie Charon, so erwartet auch der Pompfüneberer eine Geldspende, aber, bitte, nicht nur eine Münze, das sollte schon ein Schein sein.

Wer noch nie einen Pompfüneberer seinen Dienst verrichten sah, weiß nicht, was gemessener Schritt ist und würdevolle Haltung. Der letzte Auftritt will zelebriert sein, auch, wenn man selbst nicht gar so viel davon haben dürfte. Aber wer weiß das schon mit letzter Sicherheit? Immerhin dichtet Ernst Kein:

> Es muas a jeda
> amoe schdeam
> fia uns wiads do
> ka ausnaum gem
> owa mid an
> bissl glik
> weama des
> aa nau iwalem

Sich der „scheenen Leich" zu verweigern, zeugt von Aufmüpfigkeit. H. C. Artmann dichtete „med ana schwoazzn dintn": „waun i daun oesdan schdeam soit / so bit ich eich nua r ans: / jo nua ka r eangrob aum zenträu! / i schdee ned auf so danzz." und schließt dieses Gedicht: „i schbeiwad ma en d eigan schuach / bei soiche wechn saffaladeschmee!"

Genützt hat dem Artmann das Gedicht gar nichts. Sein Ehrengrab befindet sich auf dem Zentralfriedhof im Urnenhain der Feuerhalle Simmering. Wenn Wien einen großen Sohn ehren will, dann ehrt es ihn, notfalls wider Willen. Tote können nicht protestieren. Wenigstens ist Artmanns Ehrengrab keine bombastische Inszenierung des Toten: Eine kleine, ganz schlichte Tafel verkündet, wer hier begraben liegt und macht kein Aufhebens um die Größe dieses Toten.

Jetzt fahre ich zusammen. Zwar zupft mich niemand am Ärmel, wie es der Tod macht, und niemand haucht mir ins Ohr „Briadal, kumm[41]", doch was weiß ich, ob der Tod nicht auch fallweise einfach auf die Schulter klopft. Ich kann aufatmen, es ist die Lektorin meines Vertrauens, die mir beim Tippen über die Schulter geschaut hat, die rechte war es diesmal. „Sollte das nicht eher das Schlußkapitel sein?", fragt sie mich. „Wieso?", frage ich zurück. „Weil der Tod sowas Abschließendes hat", sagt sie, „tot und begraben, letztes Kapitel." „Wir sind in Wien", sage ich, „da ist der Tod das halbe Leben." Sie schaut mich an: „Jetzt bist du meschugge geworden." – „Ach so? Dann geh doch einmal Probeliegen im Sarg. Nachher treffen wir uns auf einen Kaffee und reden weiter."

Jetzt ist sie schmähstad[42], obwohl das ausnahmsweise kein Schmäh ist. Wien bietet Interessierten ein Bestattungsmuseum. Das ist am Themenpark angesiedelt, sozusagen, also am Zentralfriedhof, unterhalb der Aufbahrungshalle 2 (Simmeringer Hauptstraße 234, 1110 Wien). Es ist das zweite seiner Art. Vorher gab es ein Bestattungsmuseum in der Goldeggasse, das lebhaften Zuspruch verzeichnete für die Dinge des Todes. Im neuen Museum erfährt der Besucher alles, was es an Wissenswertem gibt über die Bestattung vom 18. Jahrhundert bis zur Gegenwart. Drei verschiedene Holzpyjamas[43] kann der Besucher anziehen. Von Montag bis inklusive Samstag hat das Museum geöffnet, Sonntag ist Ruhetag, wobei sich dieses Wort im Zusammenhang irgendwie seltsam ausnimmt.

Auch der öffentliche Zubringer ist absolut stilecht, man steigt nämlich am besten in die Straßenbahnlinie 71 ein. Aber keine Sorge: Wenn man mit dem Einundsiebziger fährt, heißt das noch lange nicht, dass man mit dem Einundsiebziger gefahren ist. Also, man ist schon mit dem Einundsiebziger gefahren, nur noch lange nicht so, wie das in Wien gemeint ist, wenn man sagt, jemand sei mit dem Einundsiebziger gefahren.

Den makabren Hintergrund der Redewendung kennen heute nicht einmal mehr alle Wiener wirklich. Die meisten würden antworten, dass die Linie 71 an vier Toren des Zentralfriedhofs vorbeifährt und damit der wichtigste öffentliche Zubringer zum „Zenträu"sei. Man fährt halt auf den Friedhof.

Obzwar der Friedhofsbesuch, und keineswegs nur bei den Gräbern von Angehörigen, tatsächlich eine Wiener Leidenschaft ist, steckt jedoch hinter der Fahrt mit dem Einundsiebziger etwas Anderes.

In früheren Zeiten beförderten die Straßenbahnen auch Lasten. Särge mit Toten darin waren keine Ausnahme. Mit schwarz drapierten Pferdewägen führte man sie zum Ort der letzten Ruhe. Als 1918 die Spanische Grippe in Wien zu wüten begann, gab es nicht mehr genug Pferdeleichenwägen. Daher übernahm die Tramway den Transport.

Die Lastenfahrten mit den Särgen führte man dezenter Weise nachts durch. Meistens, wenigstens. Da sich die Methode bewährte, blieb sie bis zum Ende des Zweiten Weltkriegs in Gebrauch. Drei Sargtransportwägen standen auf der Einundsiebziger-Strecke in Verwendung. Man montierte an den Straßenbahngarnituren lediglich noch Aufhängevorrichtungen für die Kränze. Nach dem Ende des Zweiten Weltkriegs verlor die Linie zwar diese Aufgabe, doch der Odem des Leichentransportstraßenbahn blieb der Linie anhaften bis in die Redewendung hinein. Sollten Sie also in Wien erfahren, „dea is mi n Anasiebzga gfoan" oder „dea hot si mi n Anasiebzga hamdraht", kann das bedeuten, dass die Person verstorben ist.

Oder sie ist putzmunter in den Einundsiebziger eingestiegen und ebenso putzmunter wieder ausgestiegen, weil sie ja beispielsweise nur vom Schwarzenbergplatz nach St. Marx fahren musste oder vielleicht in der Simmeringer Hauptstraße wohnt und somit tatsächlich, ganz ohne Anspielung, nach Hause gefahren ist. Was gemeint ist, merkt man am Tonfall. Meistens, zumindest. Ein Modell der Totentramway kann man als Bausatz im Bestattungsmuseum erstehen.

Wien, der Tod und der Schmäh – das scheint zusammenzupassen. Richtig lustig wird der Wiener, wenn es um den Tod geht. Da singt er dann beispielsweise, wie es Karl Rieder gedichtet hat: „Wann i amal stirb, stirb, stirb, / Müß'n mi d'Fiaker trag'n / Und dabei Zithern schlag'n, / Weil i das liab, liab, liab, / Spielt's an Tanz laut und hell, / Allweil fidel! // D'Madl'n von Wien, Wien, Wien, / Wer'n in der Trauer gehen / Und um die Bahr dastehn. / Er is dahin, -hin, -hin, / Der Geist war, meiner Seel, / Allweil fidel!"

Es kommt nicht von ungefähr, dass die englische Reiseschriftstellerin Lady Mary Wortley Montagu schon im 18. Jahrhundert anmerkte, sie sei vom Phlegma Wiens angesteckt.

Vom Kreisler habe ich Ihnen gerade erzählt, den brauche ich Ihnen nicht mehr gesondert vorzustellen, und Sie erinnern sich auch, dass der Tod das Lebenselixier vom Kreisler war. „Der Tod, das muss ein Wiener sein", hat der Kreisler zwei Jahrhunderte nach Lady Montagu getextet, ein anderes seiner Lieder heißt „Zu Hause ist der Tod" und in einem weiteren entwirft er die Vision, wie es wäre, Wien mithilfe eines Messers ganz und gar zu entvölkern: „Wie schön wäre Wien ohne Wiener / So schön wie a schlafende Frau! / Der Stadtpark wär sicher viel grüner / Und die Donau wär endlich so blau!"

Das erste Wienerlied, das vom lieben Augustin, das wir schon kennengelernt haben, war ein Tanzlied über den Tod. Könnte aber sein, dass der Tod in Wien so ein halber Schmähtandler ist und deshalb nicht immer ganz so ernst genommen wird. Nicht von ungefähr dichtete Ferdinand Raimund in seinem „Hobellied":

> Zeigt sich der Tod einst mit Verlaub
> und zupft mich: ‚Brüderl, kumm!',
> da stell' ich mich am Anfang taub
> und schau mich gar nicht um.
> Doch sagt er: ‚Lieber Valentin,
> mach' keine Umständ',geh!',
> dann leg' ich meinen Hobel hin
> und sag' der Welt ade."

Raimund war ein Genie des Wiener Volkstheaters. Er schrieb Stücke wie „Das Mädchen aus der Feenwelt oder: Der Bauer als Millionär", „Der Alpenkönig und der Menschenfeind" und „Der Verschwender". Als Mensch muss er, der dem traditionellen Volkstheater so wunderbar bunte Stücke zwischen Märchen und Posse abgewann, eine düstere Ausstrahlung gehabt haben. Aber selbst seine Bitterkeit verwandelte er noch in Schmäh: „Ich bin zum Tragiker geboren, mir fehlt dazu nix als die G'stalt und 's Organ", soll er über seine Schauspielkunst seinem Freund und Schriftstellerkollegen, dem heute vergessenen Eduard von Bauernfeld, anvertraut haben.

Dass Raimund dem Theater verfallen ist, kam so: Als Jugendlicher verkaufte er Süßigkeiten im alten Hofburgtheater. Das stand am heutigen Michaelerplatz im Ersten Wiener Gemeindebezirk. Es war ein Saal zum Ballspielen gewesen, ein „Jeu de paume". Maria Theresias Kinder fanden keinen Gefallen an dem Mittelding aus Tennis und Squash, worauf die findige Erzherzogin beschloss, das Ballhaus in ein Theater umzuwandeln. Für ihren noblen Geschmack liebten die Wiener ohnedies zu sehr den derben Hans Wurst mit seinem tiefen Schmäh. Theater als erzieherische Anstalt – das war's, was Maria Theresia und ihr Sohn Joseph II. sich erdachten, quasi Bretter, die den Anstand bedeuten. Und bitte nichts Tragisches. Selbst William Shakespeares „Romeo und Julia" durften, schmähohne, im Wiener Ende Hochzeit feiern und lebten glücklich, sofern sie nicht Ehekrach hatten, wie das in zu früh geschlossenen Ehen bisweilen vorkommen soll. Seltsam unwienerisch scheint das heute, eher würde man annehmen, ein Wiener Ende bestünde darin, dass man Komödien einen Schluss anhängt, bei dem alle sterben.

In der moralischen Erbauungsanstalt des Hofburgtheaters also war Raimund theaternarrisch geworden. Leider zuzelte[44] er, wie das auf Wienerisch heißt. Das versperrte ihm die ersehnte Tragödenkarriere. Wenn wenigstens das

Hofburgtheater einmal ein Stück von ihm aufgeführt hätte! Doch davon war keine Rede.

Und jetzt wird's wirklich düster, und wir müssen uns für einen Moment vom Schmäh verabschieden, denn was jetzt kommt, kann ich bei bestem Willen nicht launig erzählen. Aber auch solch ein Schicksal gehört eben zu Wien.

Raimund leidet jetzt immer öfter an Depressionen, dazu steigert er sich in eine quälende Hypochondrie hinein. Er hat panische Angst vor einer Ansteckung mit Tollwut. Sein Ende kann man als selbsterfüllende Prophezeiung bezeichnen: 1836 beißt ihn sein Hund, was bei dem Schriftsteller einen Angstanfall auslöst. Der Hund hat zwar keine Tollwut, aber Raimund ist völlig sicher, infiziert zu sein. Er unternimmt einen Suizidversuch und stirbt an dessen Folgen am 5. September 1836 in Pottenstein.

Raimund war ein Wissender um die letzten Dinge. Seine Stücke sind Gratwanderung entlang der Tragik. Gerade noch gehen sie gut aus. Der Tod ist nie weit entfernt, aber wenigstens er ist ein leutseliger Tod. Ein Freund, ein „Haberer" eben, um es Wienerisch zu sagen. Er zupft einen am Ärmel und redet einen mit „Briadal" oder „Schwestal" an.

Wenn Raimunds Tod dann sagt: „Liaba ..., moch kane Umständ', geh ...", dann hat das nichts, rein gar nichts vom Befehl, zu den letzten Dingen antreten zu müssen. Eine sanfte Überredung ist es. Eigentlich könnte man auch „nein" sagen. Glatt könnte man erwidern: „Net bes sein, Hea Tod, i hob grod ka Zeit net zum Steam, i muaß no a wengerl lem." Es ist gut möglich, dass der Tod dann sagt: „No, wauns d itzt net mogst, geh i hoed auf a Achtal nach Salmannsdoaf auße und woat auf di, bis d featig bist mi n Lem."

Aber welcher Wiener wird schon seinen besten Haberer abweisen? Umso mehr, als Raimund mit der wienerischen Doppelbedeutung des „geh" spielt. Das kann sowohl „geh!" heißen im Sinn der Aufforderung zu gehen, als auch das freundschaftliche „geh bitte", das so in etwa „hab dich nicht so" bedeutet oder „tu mir bitte den Gefallen". „Geh, kumm mit", auf a Glaserl oder die Ewigkeit, als wenn das eine das andere sein könnte. Der Tod als Haberer – da lebt der Schmäh!

Als Haberer geht er auch in den alten Wiener Sagen um, der Tod. Ein übler Kumpan, vor dem einem graust, ist er für den Wiener kaum je. Allenfalls einer, der, um es mit einem modernen Ausdruck zu sagen, seinen Job macht, und das ohne sonderliche Begeisterung.

In einer solchen Geschichte soll ein armer Weber aus lauter Verzweiflung immer wieder nach dem Tod gerufen haben. Der kommt tatsächlich in eigener Person und fragt, was denn los sei. Der Weber erklärt ihm, seine Frau habe ein Kind bekommen, aber er habe nicht einmal das Geld, um einem Taufpaten ein Geschenk machen zu können. Da springt der Tod ein und steht Pate für den kleinen Paul – und macht ihm obendrein ein Geschenk, nämlich die Gabe zu erkennen, ob ein kranker Mensch stirbt oder überlebt. Das geht so vonstatten: Der Tod ist im Zimmer des Kranken zugegen, doch Paul allein kann ihn sehen. Steht der Tod bei den Füßen des Kranken, bedeutete es, der Patient wird genesen, steht der Tod beim Kopf des Kranken, heißt es, er wird ihn mit sich nehmen. So kann Paul, mittlerweile Arzt geworden, stets die richtige Vorhersage treffen.

Bei einem sehr reichen Patienten steht nun der Tod am

Kopfende des Bettes. Paul sagt, es gibt keine Chance auf eine Heilung. Doch der Kranke bietet ihm eine Unsumme Geldes, gelänge es Paul, ihn wieder gesund zu machen. Da lässt sich Paul einen Trick einfallen. Er bittet die umstehenden Verwandten, das Bett fest anzufassen und hurtig um 180 Grad zu drehen. Jetzt steht der Tod, der einen Moment unaufmerksam war und den Trick nicht durchschaut hat, am Fußende. Der Kranke wird gesund und Paul reich. Obwohl Paul den Tod hineingelegt hat, ist er nicht lange verstimmt. Allenfalls ein bisserl grantig ist er im ersten Moment.

Der Totendoktor hat wirklich gelebt, Paul Urssenpeck oder Urschenpeck hieß er, geboren wurde er im bayerischen Deggendorf. Er hat in Wien Medizin studiert. Offenbar war er ein herausragender Diagnostiker, jedenfalls lässt sich die Sage so deuten. 1485 beruft die medizinische Fakultät der Wiener Universität Urssenpeck zum Dekan. Am 21. April 1487 stirbt er in Wien.

Dann wieder tritt der Tod als galanter Begleiter auf, wie es sich der Kreisler im Lied „Der Tod im Konzert" ausdenkt:

> Der Tod ist nicht nervös,
> sondern graziös,
> wie ein Kulturattaché.
> Er wartet auf dich im Konzerthausfoyer
> und denkt, vielleicht bleibst du zu Hause.
> Doch dann sieht er dich nahen,
> stolz wie ein Hahn
> und festlich im Flittergewand.
> Da nimmt er dich ganz galant bei der Hand
> und führt dich verklärt
> ins Konzert.

Da braucht der Tod nicht einmal am Ärmel zupfen und sagen „mach' keine Umständ', geh!". Da hängt er sich ein wie eine schöne Frau, ist ganz Madame la mort oder die verführerische Tödin, wie sie die Wiener Dichterin Lotte Ingrisch in ihrem Libretto zu Gottfried von Einems Oper „Jesu Hochzeit" heraufbeschwört. Man zeigt sich mit dem Tod an seiner Seite und ist stolz auf solch eine Begleitung. „Tod, sei nicht stolz", schleuderte John Donne in seinen „Holy Sonnets" dem Sensenmann entgegen. Der Wiener würde sich höflich vorstellen oder erwarten, dass der Tod sich höflich vorstellt (kommt darauf an, wer der ältere ist, die Etikette muss jedenfalls gewahrt bleiben), und dann, wer weiß, einen Schmäh erzählt: „Nachher bringen Sie mich nach Haus, wenn ich bitten darf. Es ist eh nicht weit. Wir können mit dem Einundsiebziger fahren."

Übrigens ist die scheenste von allen scheenen Leichn die, die einem Ehrenmitglied des Burgtheaters zuteil wird. Die Aufbahrung erfolgt am Kopf einer der beiden Prunkstiegen des Theaters. Der normale Teppich wird zuvor gegen einen besonders aufgerauten ausgetauscht. Der soll verhindern, dass der Sarg ins Rutschen kommt. Sodann tragen Mitglieder des Hauses den Sarg um das Theatergebäude herum. Früher waren es drei Mal, in den heutigen Zeiten, die sich für nichts, für gar nichts mehr Zeit nehmen, nicht einmal für eine Göttin oder einen Gott des Theaters, und, so scheint's, nicht einmal mehr für eine wirklich scheene Leich, nur noch ein Mal. Welch eine Inszenierung! Sicher ist sie um einiges besser als die meisten, in denen die oder der Geehrte zu Lebzeiten auftreten musste. Und das kann der Protagonist nicht selbst erleben! Oder vielleicht ist er sowieso dabei und schaut von oben zu. Was weiß man schon?

Scheint es, als wäre der Tod vor allem in den Werken der Dichter und Schriftsteller präsent? Das täuscht. Friedhofsbesuche sind – ich zögere: Kann man da Volks*vergnügen* schreiben? Natürlich dürfen Sie nicht glauben, dass sich jeder Wiener am liebsten in der Nähe eines Friedhofs aufhält. Es gibt ja auch Wiener, die keinen Heurigen mögen. Aber die Friedhöfe gehören zu Allerseelen sicher zu den belebtesten Orten der Stadt. Allerseelen und das vorangehende Allerheiligen dürften die einzigen beiden Tage des Jahres sein, an denen man im Einundsiebziger auch nach der Haltestelle St. Marx keinen Sitzplatz bekommt.

Meine Mutter gehörte zu den Wienern bzw. Wienerinnen, die den Kult um die „scheene Leich" ganz anders sahen. Darf ich Ihnen das kurz erzählen? Meine Mutter war zwar Wienerin, hasste aber nichts so sehr wie Begräbniszeremonien, vielleicht, weil diese wiederum ihrer Mutter viel bedeuteten – aber das ist eine andere Geschichte und tut hier nichts zur Sache. Jedenfalls sagte meine Mutter jedes Mal, wenn wir auf das Thema zu sprechen kamen, ich solle sie im Fall ihres Todes auf die billigste Weise beerdigen ohne jegliche Zusatzleistung. Die Kostendifferenz zu einem normal teuren Begräbnis (was ein „normal teures Begräbnis" sei, überließ sie letzten Endes mir) solle ich irgendeiner wohltätigen Organisation spenden. Ich verfuhr nach ihrem Wunsch. Das billigste Begräbnis war eine Einäscherung. Als sie starb, war meine Mutter 89 Jahre alt. Sie hatte alle Freundinnen und Freunde überlebt, ebenso die Wiener Verwandtschaft, und mit der ihres längst verstorbenen Mannes in Salzburg hatte sie seit Jahrzehnten keinen Kontakt.

Die Freunde, die mir Beistand leisten wollten, hatte ich für nach dem Begräbnis ins Café Museum gebeten. Was hätten sie auf dem Friedhof tun sollen? Somit war ich als einziger Trauergast bei der Urnenbeisetzung auf dem Zentralfriedhof anwesend.

Das klingt bitterer, als es war. Meine Mutter hatte keine Zeremonie gewollt, und auch ich wollte die Sache, allein schon mangels Publikum für die Inszenierung, schnell hinter mich bringen.

Das erklären Sie einmal einem Wiener Pompfüneberer!

Da steht also die Urne mit der Asche meiner Mutter auf dem Podest. Der würdige Herr Bestatter tritt zu mir: Wieviel Zeit ich gerne jetzt noch mit meiner Mutter verbringen würde. Er meint natürlich mit der Asche meiner Mutter, aber ich nehme ihn wörtlich und sage: „Mit meiner Mutter gerne viel Zeit, mit ihrer Asche gar keine. Bitte machen sie schnell."

Jetzt versteht der arme Mann die Welt nicht mehr. Er nimmt die Urne, und würdevoll sie haltend schreitet er würdevollen Schritts würdevoll in Richtung Grabplatz. Das Wort „würdevoll" habe ich zu oft verwendet? – Zu selten, sage ich, viel zu selten. Mir liegt die Bitte auf der Zunge, etwas schneller zu gehen, aber dann bin ich schuld, wenn der Pompfüneberer am Ende seinen Beruf nicht mehr mit der rechten Freude ausüben kann und trübsinnig wird. Also schweige ich.

Am Grabplatz angekommen, senkt er die Urne würdevoll in die Erde und schaufelt das Loch zu, auch das würdevoll, wie ich anmerken will. Ich spendiere dem Pompfüneberer ein großzügiges Trinkgeld, um seinen Schock, der ihm ins Gesicht geschrieben steht, auszugleichen. Eine Krähe krächzt – das hätte meiner Mutter gefallen, sie mochte Krähen. Der Pompfüneberer kann das nicht ahnen, und als ich es ihm kurz erkläre, seinetwegen, um ihm den Tag doch noch, zumindest teilweise, zu retten, leert sich sein Blick und geht durch mich hindurch: Nicht nur war das keine „scheene Leich", ich habe sogar jede seiner Anstrengungen unterlaufen, es halbwegs schön zu machen für ihn. Das stößt auf kein Verständnis in Wien.

Das hat seinerzeit sogar der Kaiser höchstderoselbst erfahren müssen. Joseph II., Sohn von Kaiser Franz I. von Lothringen und seiner Frau Maria Theresia, Erzherzogin von Österreich, war ein ziemlich trockener Knochen. Dass Protestanten und Juden im per Staatsreligion katholischen Österreich hinfort ihren Glauben ausüben durften, war eine Errungenschaft, zweifellos, und die Abschaffung der Todesstrafe im Zivilrecht ebenso. Außerdem war er der Meinung, dass kirchliche Orden dem Gemeinwohl zu dienen haben. So verbot seine Majestät alle Orden, die weder Krankenpflege betrieben, noch Schulen unterhielten noch sonst soziale Aktivitäten setzten. Ihren Besitz verstaatlichte der Kaiser kurzerhand.

Aber seine Majestät hatte die Tendenz, in alles, wirklich alles, reformerisch einzugreifen, meist zugunsten von Vereinfachung und Profanisierung. Er huldigte dem Nützlichkeitsprinzip. Hatte etwas keinen Nutzen, schaffte er es ab oder beschränkte es auf ein Minimum. Zum Beispiel regelte er, wie viele Kerzen bei einer Messe anzuzünden seien. Oder die Sache mit den Pfeffernüssen: Die Pfeffernuss ist ein gut gewürztes Honiggebäck, verwandt mit dem Lebkuchen, der ja auch Pfefferkuchen genannt wird. Pfeffer kann zwar enthalten sein, aber der Name kommt vom Piment, der auch Nelkenpfeffer und Jamaikapfeffer genannt wird. Vielleicht hatte der Kaiser etwas zu viel Pfeffernüsse gegessen und sie sind ihm im Magen gelegen, kann auch sein, er hat ganz unmajestätische Koliken auf sie zurückgeführt – aus irgendeinem Grund jedenfalls kam Joseph II. auf die Idee, Pfeffernüsse seien ungesund. Schon verbot er sie. Schmähohne.

Sie beginnen zu ahnen, dass ein Kaiser, der die Zahl der Kerzen bei einer Messe festlegt und Pfeffernüsse verbietet, seine Reformen auch Begräbniszeremonien angedeihen lässt? Recht haben Sie!

Begräbnisse hatten ab sofort unspektakulär zu verlaufen. Der Körper sollte möglichst schnell verwesen, um das Grab so bald wie möglich wieder von Neuem bezugsfertig zu machen. Ein Holzsarg war da nur hinderlich. So ließ der Kaiser den Klappsarg entwickeln, der als Josephinischer Sparsarg in die Bestattungsgeschichte eingegangen ist. Dieser Sarg hat an der Unterseite eine Klappe. Er wird über das Grab gestellt, die Klappe wird geöffnet, der in einen Sack eingenähte Leichnam plumpst in die Grube. Abgedeckt wird mit gelöschtem Kalk. Fertig.

Richtig stolz ist seine Majestät auf diese Begräbnismethode: Schnell, effektiv, unfeierlich, ohne Gefühl – und vor allem nützlich, denn die Verwesung geht schnell vonstatten. So verordnet er die Begräbnismethode für das ganze Reich. Doch die Rechnung hat er ohne die Wiener gemacht. Sie wollen sich ihre „scheene Leich" selbst vom Kaiser des

Heiligen Römischen Reichs nicht nehmen lassen. Die Proteste gegen das „gottlose Vorgehen" nehmen an Lautstärke zu. Schließlich bekommen auch die kaiserlichen Ohren den Unmut mit. Joseph II. hält die Kraftprobe ein halbes Jahr lang durch. Dann gibt er auf. Richtig verstimmt ist seine Majestät. Er dekretiert, jeder könne ab sofort selbst verfügen, „wie mit seinem toten Körper zu verfahren sei". Da hört man richtig den Grant heraus.

Kann sein, der Kaiser dachte, er könne mit seinem eigenen Begräbnis noch ein letztes Zeichen des Widerstands setzen. Natürlich überlegte er keine Klappsargbestattung für sein gekröntes Haupt. Zutrauen könnte man es ihm glatt, doch das wäre ein Ding der Unmöglichkeit gewesen.

Die Begräbnisstätte des Hauses Habsburg und des Hauses Habsburg-Lothringen ist die Kapuzinergruft in Wien. Dort steht der Sarg Joseph II. Wie eine Kiste sieht er aus. Lediglich ein schlichtes Kreuz verkündet die Funktion der Truhe. Dahinter inszeniert Maria Theresia zum letzten Mal, das aber für die Ewigkeit, ihre herrschaftliche Glorie. So, wie es sich g'hört für eine „scheene Leich". Aus dem Sarg von Joseph II. hingegen spricht, gerade durch den Kontrast, der dem Kaiser klar gewesen sein muss, der Trotz. „Virtute et exemplo" (mit Tugend und Beispiel) war der Wahlspruch von Joseph II. „Wenn ich als Kaiser so lieg", scheint er zu sagen, „dann könntet s Ihr Untertanen Euch eigentlich mit dem Klappsarg begnügen."

Was würde der Kaiser über seine Untertanen im Geiste denken, die bis in unsere Gegenwart das Grab auf dem „Zenträu" als letztes Manifest ihrer Person inszenieren? So erinnert ein schlichter Steinquader an den Architekten

Adolf Loos, der in seinem Vortrag „Ornament und Verbrechen" eine Anklagerede gegen funktionslose Ornamentik gehalten hatte. Das Grab des Bildhauers Alfred Hrdlicka, von ihm selbst gestaltet, ist ein Liebesakt zwischen Mann und Frau, während sich der Skulpteur Franz West mit einem zur Schlaufe verdrehten Penis in Pink begnügt.

Während Joseph II. die „scheene Leich'" trotzig verweigerte, bestehen viele Wiener nach wie vor auf ihr. Und zwar für sich selbst ebenso wie für ihre Angehörigen.

Da fällt mir etwas ein – haben Sie noch kurz Zeit? Ich muss Ihnen ganz schnell noch eine G'schicht erzählen: Also, Begräbnisse sind, wie gesagt, teuer, und eine richtig „scheene Leich" treibt die Kosten gar in schwindelerregende Höhen. Nur ein Billigsarg ist um etwa 300 Euro zu bekommen, aber in ihm liegt man echt hart, und das, es will bedacht sein, ohne Unterbrechung für eine ziemlich lange Zeit. Obendrein schaut er nicht so besonders aus. Will man bequem liegen und obendrein ein wenig die Repräsentation genießen, ist die Preisskala nach oben weitestgehend offen. Da blättert man dann halt das Zehnfache hin. Dafür liegt man im Luxussarg bequemer als in so manchem Hotelbett.

Damit kommt der Franz ins Spiel, der Freund eines Freundes. Der Franz arbeitet in der Wiener Städtischen Bestattung. Daselbst sind Särge naturgemäß seine Profession und, wie ich anmerken will, auch seine Passion. Teurere Särge müssen einen optisch tadellosen Eindruck machen. Da kommt es ab und zu vor, dass ein auffällig beschädigter Sarg ausgemustert wird.

Der Franz ist handwerklich begabt. Also hat er einen beschädigten Sarg ziemlich preisgünstig gekauft und selbst perfekt restauriert. Der Franz hat ihn für sich selbst vorgesehen. Ein unmittelbarer Anlass ist zwar nicht in Sicht, aber wer beizeiten vorsorgt, hat mehr vom Tod. So ist das in Wien. Abgestellt hat der Franz den Sarg im Keller seines Wochenendhauses.

Seine Frau fand das eine recht gute Idee, also beizeiten für das Begräbnis vorzusorgen, und meinte, wenn dem Franz noch ein schöner Sarg für günstiges Geld unterkäme, könne er ihn ja für sie herrichten. Ein knappes Jahr später war es soweit, und Franz konnte seiner Frau einen mit eigener Hand wunderschön restaurierten 2500-Euro-Sarg schenken. Ob das zum Hochzeitstag oder zum Geburtstag war, hat mir mein Freund bei zwei Gelegenheiten unterschiedlich berichtet. Auch diesen Sarg stellte der Franz in den Keller.

Die Mutter vom Franz war jetzt freilich zutiefst beleidigt, weil ihr Sohn an seine Frau und an sich gedacht hat, aber nicht an sie. Wo sie doch aller Wahrscheinlichkeit als erste einen Sarg in Anspruch nehmen würde. Sie warf dem Franz vor, wieder einmal selbstsüchtig zu sein und an sie, seine Gebärerin, zuletzt zu denken. Der Franz hörte das nicht zum ersten Mal, es ist im Prinzip völlig egal, ob Wochenendausflug oder Theaterbesuch oder Sarg, der mütterliche Vorwurf bleibt stets der gleiche. Dem Franz geht das zwar auf die Nerven, aber Mutter bleibt Mutter. Also schenkte er ihr seinen eigenen Sarg („zum Muttertag", behauptet mein Freund, aber das kann ein Schmäh sein).

Knapp zwei Jahre später wurde dann wieder ein Sarg ausgemustert, der dem Franz für sich selber gut gefallen hat. Also hat er ihn für sich selbst gekauft und restauriert und in den Keller gestellt.

Bis jetzt haben weder der Franz selbst noch seine Frau noch seine Mutter ihren Sarg in Anspruch nehmen müssen. So stehen beim Franz drei Särge im Keller: Einer für die Mutter, einer für die Frau und einer für den Franz selber.

Neulich hat der Franz einen Sarg für seinen Schwiegervater gekauft, „a echte Mäzie[45]", hat es der Franz genannt. Nur hat der Schwiegervater im Keller keinen Platz für den Sarg, und der Keller vom Franz ist mittlerweile sargtechnisch vollgestellt. Dem Vorschlag, den vierten Sarg ins ohnedies nicht verwendete Kabinett des Wochenendhauses zu stellen, hat die Frau vom Franz widersprochen – bis jetzt. Wer die beiden kennt, weiß, dass der Franz sie mit dem Schmäh nehmen[46] und wahrscheinlich herumkriegen wird. Dann hat der Franz vier Särge, drei im Keller und einen in der Wohnung. Bis jetzt steht der vierte Sarg jedenfalls in der Garage, dafür parkt der Peugeot vor der Hauseinfahrt.

Die Mutter vom Franz indessen glaubt, so vom Anschauen her, dass der Sarg, den der Franz für sich selber ausgesucht hat, bequemer ist als der, den er ihr geschenkt hat, und sie traut ihm das durchaus zu, weil der Franz ja in erster Linie an sich selber denkt. So hat sie es dem Franz gesagt. Darum ist als nächstes ein Probeliegen für die Familie angesagt, weil man ja die Särge, solange sie nicht in Verwendung sind, untereinander tauschen kann. Die Frau vom Franz findet zum Beispiel den Sarg für ihren Vater wesentlich ansprechender als ihren eigenen, während ihr Vater wiederum den vom Franz am schönsten findet.

Letzten Endes, davon bin ich überzeugt, wird jeder den Sarg gefunden haben, in dem er sich am wohlsten fühlt.

Schmähohne.

Intermezzo: Auf dem Friedhof

Auf dem Zentralfriedhof, die Pompfüneberer schaufeln gerade das Grab zu, davor türmen sich Kränze und Blumenspenden.

- Des woa r a scheene Leich'.
- Des kaun ma woe sogn. Siemadreißg Leit. Net schlechd dafia, dass eam kana megn hod.
- Ochtadreißg.
- I hob siemadreißg zööd.
- Den Hean Watzek hosd mitzööd? Dea is a bissl abseits gstandn.
- Oh jo, den hob i mitzööd.
- Und de Steputat, die wos zspat kumma is?
- Hob i aa mitzööd.
- Und di söwa hosd a mitzööd?
- Naa.
- Six d as … Des woa da Föla!
- Und de Pomfünewara …
- Wüadich, de Hean, sea wüadich, des muaß i scho sogn.
- Owa dea ana, der klane mi n Schnauza, mei Liawa, der hod an Offn ghobt! Hos d as net grochn?
- Eh. Aundaraseits … Waaßt, waun i des Gschaftl mochad, i maan, waun i jedn Dog Leit unta d Ead bringan miaßt … Woascheinlich wiast daun hoed drübsinnich und faungst zan Tschechan au.
- Hosd eh rechd. Ea hod si sowieso brav ghoedn. A scheene Leich. Wiaklich. Sie hod si net lumpn lossn. A teira Hoezpüdschama, de gaunzn Bluaman, de Gränz, net schlechd …

157

- Des hod's ja miassn …
- Wiaso?
- Na, draurich is de sicha net, dass a mi n Anasiebzga gfoan is. Sie eabt jo ollas.
- Ah, drum …
- Wos?
- Na, weu i ma denkt hob, in da Neazjackn zu an Begräbnis … De haut auf …
- Waasd eh, dass von de Kiwara eivanumma wuan is?
- Naa, net in Eanst …? Ka Schmäh?
- Owa waun i da des sog …! Is eh nix außekemmen. Owa frogn hom s hoed miassn. I maan, a bissl bletzlich is a scho gstuam. Und gstrittn hom s ollaweu, dass ma s in hoewatn Haus gheat hod. Imma wengan Gööd. Ea woa hoed a richtiga Nudldrucka, gstopft wia r Gansl, owa wos fia r a Klefuziana!
- Sowiaso. Waun s das genau nimmst … Waaßt, waun dea wissat, wos de Leich kost hod, draht a si in Grob um.
- Eh. Wea waaß, valleicht hod sie s jo eh eam z Fleiß gmocht. Owa a scheene Leich woa s, do kaunst sogn, wos d wüüst.

SCHIMPFEN MIT SCHMÄH

Das muss ich Ihnen jetzt erzählen:

„Heast, du Blunznscheißa!" Mein Taxler ist in Rage, und das völlig zurecht. Beinahe hätte es einen Unfall gegeben, aber es ist gerade noch einmal gut gegangen. Und nicht nur das: Ich habe obendrein das Wort „Blunzenscheißer" gelernt. So etwas widerfährt einem nicht alle Tage.

Das Ganze hat sich so zugetragen: Neulich musste ich mit dem Taxi fahren, weil die Straßenbahnlinie 5 eine Störung gehabt hat. Das kommt bei dieser Linie häufig vor. Sie hat eine längere Strecke in der Kaiserstraße, und obwohl die Kaiserstraße heißt, ist sie nicht etwa ein breiter Boulevard, gesäumt von Kastanienbäumen, sondern eine ziemlich enge Straße. Benannt ist sie nach Kaiser Joseph II. Sie wissen, das war der mit dem Nützlichkeitsdenken und dem Klappsarg. Die Straße passt zu ihm: Sie ist nützlich, frei von Prunk und sparsam in der Breite. Ursprünglich war sie ein Feldweg, der Ende des 18., Anfang des 19. Jahrhunderts völlig verbaut war. Seit dem 5. Juni 1890 verkehrt in ihr eine Straßenbahnlinie, ursprünglich eine Pferdestraßenbahn, heute natürlich eine elektrische. Alte Straßen, zumal in den ehemaligen Vorstädten, sind immer eng, und so ist die Kaiserstraße bis heute geblieben. Kaum parkt ein Auto um ein paar Zentimeter zu ungenau, schon kommt die Straßenbahn nicht weiter, und die Störung ist fertig.

Ich nehme also ein Taxi. Sehr viele Fahrer haben Migrationshintergrund, aber dieser ist ein echter Wiener, beleibt, nicht mehr jung. Ich kenne ihn sowieso von vorangegangenen Fahrten. Bei der übernächsten Kreuzung beachtet ein anderer Fahrer die Vorrangregelung nicht. Mein Taxler kann den Unfall gerade noch vermeiden. Dass er nun den anderen Fahrer beschimpft, gehört dazu. Er könnte ihn einen Trottel nennen oder ein Arschloch oder, auf gut Wienerisch, einen Fetznschädl (da fehlt Ihnen die Fußnote? – Bitte Geduld, ich erklär's gleich). Aber er schreit ihn durch das heruntergekurbelte Fenster an: „Heast, du Blunznscheißa …"

„Blunznscheißa"? Interessant. Das Wort war mir unbekannt. Aber das kann vorkommen. Ich muss Ihnen nämlich etwas verraten: Kein Wiener kennt alle Wörter und Redewendungen des Wiener Dialekts. Ich hatte das Glück, viel Kontakt zu meiner Großmutter zu haben, die sich der alten Wiener Ausdrücke bediente wie „Gluren"[47] oder „Schnoferl"[48], und als ich mein erstes Fahrrad bekam, mahnte sie mich, nur immer fest das Gubernal[49] in der Hand zu behalten. Dennoch ist der Altwiener Dialekt schon für mich keine Selbstverständlichkeit mehr. Für die Jüngeren ist er eine Fremdsprache. Schließlich wird er den Kindern in der Schule zugunsten der Hochsprache ausgetrieben.

Hochsprache bedeutet im konkreten Fall Österreichisches Deutsch, also jene Erscheinungsform des Süddeutschen, die ein paar Eigenheiten aufweist vom Vokabular (etwa Erdäpfel statt Kartoffel und Kohl statt Wirsing) bis in den Satzbau, wo, zumindest im Gespräch, die Vergangenheitsform der Mitvergangenheit und der Dativ dem Genitiv vorgezogen wird. Man sagt in Deutschland: „Gestern ging ich ins Kino und sah dort Ridley Scotts ‚Gladiator‘“, während man in Österreich eher hören wird: „Gestern bin ich ins Kino gegangen und habe den ‚Gladiator‘ von Ridley Scott gesehen.“ Aber, wie gesagt, wir bewegen uns da immer noch auf dem Niveau der Hochsprache, freilich in einer ihrer regionalen Ausprägungen, vergleichbar etwa dem Schwyzerdütsch. Doch so, wie Schwyzerdütsch nicht identisch ist mit Berndütsch, so ist das Österreichische Deutsch nicht identisch mit dem Wienerischen.

Damit zurück zum Schimpfen. Der Schmäh hat ja mit dem Schmähen, also dem Schimpfen und Beschimpfen, nur ganz am Rand zu tun – Sie erinnern sich? Mitunter sind das Schmähen und der Schmäh dennoch deckungsgleich. Anders gesagt: Schimpfen mit Schmäh ist mehr als normales Schimpfen. Normales Schimpfen ist gemein, brutal, das sprachliche Äquivalent zum Faustschlag ins Gesicht.

Schimpfen mit Schmäh hat, bei aller Direktheit und aller Wuaschtigkeit gegenüber der politischen Korrektheit, eine gewisse Würze. Meinetwegen nennen Sie's Florettfechten mit Keulen. Vor allem erzählt der Schmäh auch beim Schimpfen ein G'schichterl, und wenn er es auf ein Wort zusammendrängt. Oder er ist wenigstens originell in der Wortprägung. Daran erkennt man, ob einer nur schimpft, oder mit Schmäh schimpft. Nennt einer den anderen zum Beispiel „Trottel“ oder „Arschloch“, ist mit diesen Ausdrücken gar kein G'schichterl verbunden. Das sind einfach Feststellungen, und sonderlich originell sind die Ausdrü-

cke auch nicht. Darum haben „Trottel" und „Arschloch"
mit dem Schmäh nichts, aber auch rein gar nichts zu tun.
Wenn schon, dann zum Beispiel: „Heast, du hinicher Wirr-
warr-Bruada[50]", das ist ein Trottel mit Schmäh. Sie können natürlich auch, wenn es nottut, ihrem Gegenüber das
„Wüde owezrama"[51], auch sagen: „Du Ansatrottel, du aug-
schitta, sowos wia du gheat no amoe in de Bamschui, du
Botznruamtoni."[52] Darf ich Ihre Aufmerksamkeit auf die
Fußnote lenken? – Mit der Übersetzung ist alles klar.

Wieso „jo, eh", oh Lektorin meines Vertrauens? Na
gut, ich gebe zu, eine reine Übersetzung mag da vielleicht
wirklich „fia d Wiascht"[53] sein. Dabei ist es so einfach:
Ein Einsertrottel ist ein außerordentlich dummer Mensch,
angeschüttet sein kommt eigentlich von zugeschüttet, also
betrunken sein. In die Baumschule gehen nur Holzköpfe,
und wer die Baumschule wiederholen muss, ist wohl ein
besonders hölzerner Holzkopf, und der Batzenrübentoni
spielt auf einen Bauern an, der besonders große Rüben ern-
tet, eine Variation des Sprichwortes „der dümmste Bauer
hat die größten Erdäpfel".

Merken Sie, dass bei jedem Ausdruck ein G'schichterl mit-
schwingt? Beim Einsertrottel noch am wenigsten, aber aus
einem, der sich betrinkt und dann entsprechend benimmt,
ist schon manch eine Komödie geworden. Die Baumschule
ist ein originelles Bild, das ist um ein paar Ecken herum
gedacht, und der Batzenrübentoni geht auch nicht auf geradem Weg von A nach B. Darum ist das mit Schmäh ge-
schimpft, vor allem in der Kombination der Ausdrücke.

Denn wenn der Schmäh schimpft, ist es selten mit einem einzigen Wort getan. Da werden ganze Szenarien

entwickelt, quasi Schimpfg'schichterln erzählt. „Dea aus-
ranschierte Heislbesn hoet si fia de Gräfin Estahasi"[54] mag
über eine verlebte Frau gesagt werden, die sich grundlos
für etwas Besseres hält. Oder wie wäre es damit: „Den hom
s so ins Hian gschissn, dass a mi n Vogelheisl de Müüch
hoet."[55] Das ist auf einen argen Spinner gemünzt. Man sieht
es förmlich vor seinem geistigen Auge, wie er die Milchfrau
bittet, ihm den Vogelkäfig zu füllen.

Der Schmäh malt immer ein Bild, gerade auch beim
Schimpfen, nur sind die Farben hier greller: „Dea blade
Weiwossafrosch schdet so aufrecht wia r a gschmoezane
Wochsfigua[56]" – da weiß man gleich, welche Haltung er
hat, aber auch nicht jede Frau steht immer ihren Mann:
„De valogane Kauikwappn foed in Liegn no um."[57] Oder:
„Waun dea Klamschritta a Fliagn schluckt, hod a mea Hian
in Bauch oes wia r in Schedl."[58] Das sind keine stehenden
Redewendungen, aber man kann so etwas Ähnliches hören,
wenn der Schmäh schimpft. Sie können's ja selbst einmal
versuchen – aber bitte für sich und nicht öffentlich, sonst
hören Sie noch: „Dia schmirichtn Schmähbruada wea r i
glei de Wadln fiare richtn."[59] Das wäre der günstigere Fall.
Der ungünstigere könnte lauten: „Heast, du Oaschklezn,
hau di in Hoezpüdschama, und wauns d as net söwa tuast,
hüüf i da dabei.[60]"

Übrigens braucht auch der gestandene Wiener bei den
Schimpfwörtern hin und wieder eine Übersetzung – wie ja
auch bisweilen für derbe Redewendungen, die zwar typischer Schmäh sind, aber nicht unmittelbar mit Schmähun-
gen zu tun haben. Legendär ist das Beispiel vom Würstelstand: „Reib ma ume a Eitrige mid an G'schissanan, an Bugl

und a sechzena Blech, owa dschennifa!" Ich gebe das jetzt einmal wörtlich wieder: „Reibe mir herüber eine Eitrige mit einem Geschissenen, einen Buckel und ein sechzehner Blech, aber Jennifer." Das heißt …?

„Reib ma ume" bedeutet „reich' mir herüber", also „gib mir". Die „Eitrige" ist eine bestimmte Wurst, nämlich eine Käsekrainer, eine geräucherte Brühwurst aus grobem Schweinefleisch mit Käsestückchen drin, die beim Kochen zu einer weichen gelblichen Masse werden. Anderen mag allein die Assoziation den Appetit verderben, aber der Wiener, der den süßen Senf einen Geschissenen nennt, hat da weniger kulinarische Probleme. „Bugl", der „Buckel", ist die Brotkappe oder Kante, in Österreich auch „Scherzl". Das „sechzehner Blech" ist ein Dosenbier der Ottakringer Brauerei, Ottakring ist der 16. Wiener Gemeindebezirk. „Owa", „aber", lässt auf Nachdruck schließen, ist im Zusammenhang aber gleichbedeutend mit „bitte" oder gar mit „bitte schnell, ich bin nämlich in Eile", es wird nicht als unfreundlich verstanden. „Jennifer" ist eine Nachkriegswortschöpfung und bezieht sich auf die US-amerikanische Rock- und Popsängerin Jennifer Rush, gesprochen „rasch", und rasch bedeutet flott. Der Schmäh setzt den Vornamen für die Bedeutung, welche die Aussprache des Nachnamens bedeuten würde, wäre sie ein deutsches Wort. Die Bedeutungsübersetzung des Satzes würde demzufolge lauten: „Geben Sie mir eine Käsekrainer, eine Brotkappe, ein Ottakringer Dosenbier, bitte schnell (ich bin nämlich in Eile)."

Wie gesagt, der Satz ist legendär als übersetzungsbedürftig selbst für Wiener. Er hat nur einen Nachteil: Ich bin mir nicht sicher, ob er jemals gesprochen wurde. Was mich betrifft: Gehört habe ich ihn noch nie, und, in natura bei einem Würstelstand ausprobiert, musste ich ihn dem Würstelmann übersetzen. Vielleicht war er zu jung für die Ausdrücke. In natura gehört habe ich hingegen, und auch das ist übersetzungsbedürftig: „Dea is hoed a Tschecharant, dea hod si de Bian bladlwaach gsoffn[61]", und „A laara Sock steht net[62]". „Amoe da Gigl, amoe da Gogl[63]" gebrauchten meine Großeltern oft als Redewendung.

Doch nicht nur Redewendungen bedürfen für moderne Wiener der Übersetzung, häufig sind auch einzelne Wörter. Damit zurück zum Schimpfen: Ein „Schmoezbruada" (Schmalzbruder) etwa ist ein Verurteilter, der seine Strafe abgesessen hat, „Packlrass" bedeutet „Gesindel" und „missliebige Verwandtschaft", und ein „Gscheada" ist eine unbedarfte Person vom Land. „Gscheada" heißt wörtlich „Geschorener".

Im „Gscheadn" drängt der Schmäh wieder einmal eine ganze Mode- und Sittengeschichte auf ein Wort zusammen: In früheren Zeiten mussten jene Bauern, die kein eigenes Land besaßen, die Haare kurz tragen, ganz im Gegensatz zur Nobilität mit ihren Langhaarperücken. Ein „Gscheada" ist demnach ein Mensch, dem der Wiener das als vornehm empfundene Städtertum aberkennt.

Weil wir gerade beim Thema sind, wie der Wiener über seine Mitmenschen spricht: Verlässt der Wiener das Zentrum der Welt, also Wien, trifft er auf Eadapföschädln: Er nennt beim Schmähführen die Niederösterreicher so, denn ihr Bundesland lieferte seinerzeit vor allem Erdäpfel. Die andere Bezeichnung ist „Neandertaler". Nun hängt dem Neandertaler der Ruf des sprachunfähigen Steinzeit-Volltrottels an. Der Volltrottel ist zwar wissenschaftlich widerlegt, doch unausrottbar. Aber was kümmert den Schmäh die Wissenschaft? Wo samma denn, bittschön? Zumal sprachunfähig ja stimmen dürfte. Genau darauf spielt der Wiener mit dem „Neandertaler" an: Er findet, dass der niederösterreichische Dialekt keine Sprache ist. Es gibt eine andere Erklärung, aber die wäre schmeichelhaft – und gerade deshalb halte ich sie für unglaubwürdig: In Niederösterreich fanden Archäologen zahlreiche frühgeschichtliche Standorte und Artefakte. Die legendäre Venus von Willendorf in der Wachau, 1908 ausgegraben, gehört dazu. Demnach könnte der „Neandertaler" eine Anspielung auf die Funde aus der Steinzeit sein. Der Trottel wäre in diesem Fall nur eine, freilich willkommene, Beigabe.

Reichlich Erdäpfelanbau wird auch in Oberösterreich betrieben, mit Fug und Recht könnte der Wiener den Oberösterreicher daher ebenfalls „Eadapföschädl" heißen. Doch wo bliebe die feinsinnige Unterscheidung? Da kommt es gerade zupass, dass Apfel- und Birnenmost oberösterreichische Spezialitäten sind, während der Wiener fürs Anschickern eher Wein und Bier benützt und auf vergorene Obstsäfte herabblickt wie ein Adler auf eine Schnepfe. Womit die Oberösterreicher Mostschädln sind.

Die Salzburger liefern zu ihrer Bezeichnung selbst die Geschichte, und es ist nicht die vom sechsjährigen Wolfi Mozart, der, nachdem er bei Hof vorgespielt hatte, der Kaiserin Maria Theresia auf den Schoß gesprungen ist und sie abgebusselt hat, die wahrscheinlich ein doppelter Schmäh ist, weil der Vorfall erstens nur von Mozarts Vater berichtet wurde und ein Reklamegag gewesen sein dürfte und zweitens, weil Maria Theresia ihr Lebtag keine Kaiserin war, sondern immer nur Erzherzogin. Gerade die Frau vom Kaiser war sie – bisserl Geduld, bittschön, zum Phänomen der Titelübertragung vom Mann auf die Frau komme ich in einem anderen Kapitel. Manchmal geht sowas halt auch in Geschichtsbücher oder zumindest ins historische Bewusstsein ein.

Zurück zu den Salzburgern, die weder Kaiserinnenküsser noch Erzherzoginnenbussler sind, sondern Stiawoscha. Die Sage berichtet, die Stadt Salzburg war einmal von Feinden belagert. Die Vorräte neigten sich dem Ende zu. Da kamen die schlauen Salzburger auf die Idee, ihrem letzten Stier jeden Tag eine andere Fellzeichnung aufzumalen und ihn auf der Stadtmauer spazieren zu führen. Die Feinde dachten, in der Stadt gäbe es noch Stiere und damit Vorräte zuhauf, eine weitere Belagerung sei sinnlos, und sie zogen ab. Natürlich musste das Fell des Stiers jeden Tag gründlich gewaschen werden, sonst hätte ein scharfäugiger Feind am Ende den Trick durchschaut.

Zu den Xibeagan[64] und den Stoasteiran[65] gibt es keine Wiener Schimpf-G'schicht'n. Die Xibeaga spielen auf den alemannischen Dialekt der Vorarlberger an, in dem „gsi" „gewesen" bedeutet, während „Steinsteirer" gar nichts Sinnvolles bedeutet. Diese Bildung dürfte lediglich den singenden Klang des steirischen Dialekts parodieren.

Die anderen Bundesländer und ihre Bewohner bekommen vom Wiener nicht einmal Spottnamen, die ignoriert er einfach. Allenfalls reißt er noch Witze über die Buagnlandla, die Burgenländer, etwa: „Wie beschäftigt man einen Burgenländer einen Tag lang? – Man gibt ihm einen Zettel, auf dem auf beiden Seiten ‚bitte wenden' steht." Ein echter Schmäh schaut anders aus.

„Na", ganselt[66] mich die Lektorin meines Vertrauens auf, „traust dich?" Was ich mich trauen soll? Natürlich das Thema anzupacken, wie die Wiener über ihre echt-ausländischen, ihre nachgerade außereuropäischen Nachbarn sprechen, also über die, die nicht innerhalb der Grenzen Österreichs wohnen.

Ich trau' mich. Aber nur, weil ich schon so oft gesagt hab', der Wiener Schmäh ist politisch unkorrekt, dass ich es jetzt gar nicht mehr wiederholen muss, denn wenn er es im Normalfall ist, dann ist er es beim Schimpfen erst recht.

Damit sind wir beim „Piefke". „Piefke" ist der Schimpfname der Österreicher und speziell der Wiener für alle Deutschen mit Ausnahme der Bayern. Sogar für einen echten Fernsehskandal war der Ausdruck gut. Joachim Fuchsberger moderierte von 1977 bis 1986 in der ARD die Samstag-Abend-Show „Auf los geht's los". Einige Sendungen kamen aus Österreich. 1982 fragte Fuchsberger bei einer von diesen das überwiegend aus Österreichern zusammengesetzte Publikum: „Wie viele von Ihnen bezeichnen die Deutschen als Piefke?" Der Großteil der Anwesenden meldete sich. Worauf eine massive Verstimmung zwischen Deutschland und Österreich folgte.

Dabei beinhaltet „Piefke" gar keine Bösartigkeit. Denn das Wort leitet sich vom preußischen Militärkapellmeister Johann Gottfried Piefke ab. 1866 nahm der Piefke am Krieg gegen Österreich teil. Am 31. Juli 1866 fand auf dem Marchfeld bei Gänserndorf nahe Wien eine Parade statt. Piefke leitete die Militärmusik. Er und sein fast zwei Meter großer

Bruder fielen besonders auf, und die Wiener registrierten auch den ihnen fremden Drill der preußischen Armee. Der Name der Piefkes war in aller Munde, und so sollen die Wiener (wahrscheinlich sogar mit einiger Bewunderung) gerufen haben: „Da kommen die Piefkes!" Merken Sie, dass der Schmäh wieder einmal in einem Wort eine Geschichte erzählt?

(Aber da muss ich jetzt eine Klammer machen, weil mir sonst die Lektorin meines Vertrauens noch gar mit dem Staberl auf die Finger klopft, oder, noch schlimmer, grantig wird. Es gibt eine andere Herleitung des „Piefke". In einer Berliner Satire-Zeitschrift jener Tage ist ein Mann aufgetreten, der Piefke hieß und sich genau so benahm, wie man es von einem Piefke erwartet. Schmähhalber gefragt: Ist das G'schichterl mit dem Militärkapellmeister nicht viel schöner? Sehen Sie: So rennt er, der Schmäh, die schönere G'schicht trägt den Sieg davon, und wenn die andere tausendmal mehr die richtige wär'.)

Klammer zu, apropos Piefkes, Drill und Schmäh: Die Niederlage bei Königgrätz am 3. Juli 1866 saß den Österreichern tief in den Knochen. Den Wienern drückte sie noch mehr aufs Gemüt als den übrigen Österreichern, denn wenn man in der Residenzstadt des Kaisers lebt, so quasi sein Nachbar ist, fühlt man halt mit seiner Majestät intensiver mit. So kam der Schmäh mit dem Zündnadelgewehr auf. Die Superwaffe der Preußen sei an der österreichisch-sächsischen Niederlage schuld gewesen: Die Preußen schossen mit Hinterladern, die sie in Deckung schnell nachladen konnten, die Österreicher mit Vorderladern, bei denen man zum Nachladen die Deckung verlassen musste. Im 19. Jahrhundert hatte die Ritterlichkeit im Krieg noch eine große Bedeutung. Der Vorwurf, eine überlegene Waffe eingesetzt zu haben, bedeute, der Sieg sei unverdient. Das war ein charakteristischer Fall des „hätt i – waar i", das der Schmäh so oft pflegt: „Hätte ich eine gleichwertige Waffe gehabt, wäre ich der Sieger gewesen." Das freilich ist eine Illusion. Zum Sieg führte sicherlich auch die bessere Bewaffnung, vor allem aber die bessere Ausbildung der preußischen Armee und die Strategie des preußischen Generalstabschefs Helmuth von Moltke, der Ludwig von Benedek nichts entgegenzusetzen hatte. Da sind wir jetzt wieder beim zackig marschierenden Herrn Piefke. Was war's? – Richtig: Der Wiener hat seinen Neid auf das gut ausgebildete preußische Militär in einen Schmäh umgewandelt, der erst später zur Schmähung wurde.

Auch die Wiener Bezeichnung für die Tschechen ist im Grunde nicht abwertend, das sind nämlich die „Bemm", die Böhmen. Ob ich das Dialektwort „Bemm" oder „Bem" oder gar „Behm" schreiben soll, weiß ich nicht. Gesprochen wird es auf alle drei Weisen: Mit sehr kurzem „e", wenn man den tschechischen Akzent imitiert, die Aussprache mit normal langem und mit gedehntem „e" habe ich aber ebenso wiederholt gehört. Zahlreiche Tschechen zogen nach Wien in der Hoffnung auf Arbeit. Im 19. und zu Beginn des 20. Jahrhunderts verstärkte sich die Zuwanderung aus Tschechien und der Slowakei, die beide habsburgische Kronländer waren. Man merkt es bis heute an den Namen: Wessely, Slavik, Nemetz, Pribil, Havelka, Kocourek und viele andere sind, in der Schreibung mehr oder weniger eingeösterreichert, typisch wienerische Namen – und kommen aus Tschechien und der Slowakei. Mit sich führten die tschechischen Einwanderer auch ihre Rezepte, die Wiener Küche ist zu gut 50 Prozent eine tschechische.

Die Kehrseite der Medaille waren die Arbeitsbedingungen für die tschechischen und slowakischen Arbeiter, die etwa in den Ziegelwerken am Wienerberg fast wie Sklaven in erbärmlichen Zuständen leben mussten. Diese „Ziagl-bemm[67]" unterhielten sich untereinander in ihrer eigenen Sprache, die für die Wiener unverständlich war. So kommt es zur Redewendung: „Des kummt ma bemmisch vua", was soviel bedeutet wie: Der Sache traue ich nicht. „Des is a bemmisches Doaf" wiederum heißt: Da komme ich nicht mit. Auch das hat mit der Sprachbarriere zu tun.

Von Grund auf unfreundlich sind die Bezeichnungen für die Italiener und für die Menschen aus den Balkanstaaten. Italiener sind „de Katzlmocha", also Katzenmacher. Was soll denn das bedeuten? Da hat der Schmäh gleich fünf Quellen angezapft. Die eine geht auf fahrende Holzschnitzer aus dem heutigen Südtiroler Raum zurück, die ihre kunstvollen Löffel feilboten. Auf Ladinisch hießen die ciaza, aus den verballhornten Ciazamachern könnten die Katzlmacher geworden sein. Eine andere Möglichkeit ist, dass der Schmäh die Bezeichnung vom Straßenpflaster abgeleitet hat. Das Kopfsteinpflaster heißt in Wien Katzenkopfpflaster. Verlegt wurde es von italienischen Arbeitern. Weniger schmeichelhaft, übrigens auch für die Katzen, wäre die Ableitung aus dem Rotwelschen, wo „katzeln" lügnerisch schmeicheln bedeutet. „Cazzo" ist im Italienischen freilich auch ein deftiges Wort für den Penis, entsprechend dem wienerischen Beidl[68] oder Hemadspreiza[69]. Das wäre dann eine Anspielung auf südländische Verführungskünste. Die fünfte Version ist eine Variante der vierten: Die Bezeichnung für uneheliche Kinder ist „Katzln[70]", der Katzlmocha wären also Erzeuger unehelicher Kinder.

Das ist in der Unsicherheit, woher der Ausdruck Katzlmacher kommt, noch gar nichts gegen die Tschuschn. Mit diesem Ausdruck bezeichnet der Wiener Dialekt die Menschen aus den Balkanstaaten. Es ist heute noch das meistgebrauchte Wiener Schimpfwort für Ausländer. Und keiner weiß, woher es kommt. Sedlaczek leitet es im „Wörterbuch des Wienerischen" vom serbokroatischen „ćuš" ab, einem Ausruf, mit dem Treiber aus Bosnien-Herzegowina ihre Lasttiere anzutreiben pflegten. Ihr Ruf wäre demnach auf sie übertragen worden. Das klingt bestechend, aber ich schlage eine andere Variante vor. Das serbokratische Wort „tuđ" wird etwa „tudsch" gesprochen, das „dsch" klingt etwa wie das italienische gi, etwa im Namen Giovanni. Die Bedeutung trifft ins Schwarze, denn „tuđ" bedeutet „fremd". Die schmähpralle Verballhornung baut jederzeit eine Brücke von den „Tudschen" zu den Tschuschen.

Damit genug von den Beschimpfungen für die Nicht-Wiener, Feinde hab' ich mir jetzt sowieso genug gemacht. Aber ich hab' Sie gewarnt: Der Schmäh hält selten etwas von zarter Umschreibung. Der „Beidlhutscher" etwa schaukelt (hutscht) seinen Penis und ist damit notgeil, ein „Heislbesn" ist eine unvorteilhaft aussehende Frau. Redewendungen wie „des is a Schas in Woed[71]" oder „hupf in Gadsch[72]" versteht ein Wiener mühelos. Was aber soll ein „Schas mit Quastln" sein? – Na gut, übersetzen kann man das: eine Flatulenz mit Quasten. Aber wenn man versucht, sich das bildlich vorzustellen, landet man im Surrealismus. Passt zum Schmäh!

Solche Beispiele lassen sich beliebig vervielfachen. Dass es aktuell im Handel drei Wiener Schimpfwörterbücher gibt, sagt einiges aus. Bei deren Durchsicht stößt auch der gstandene Wiener auf Neuland. Meine Entdeckung war der „Fetznschädl". „Fetznschädl" heißt, darin sind sich alle einig, „Wirrkopf", „Hohlbirne", Dummerjan". Nur: Wie kommt das Wort zustande? Das ist halt wieder einmal der Schmäh: Das Schimpfwort „Fetznschädel" erzählt ein G'schichterl, ganz bestimmt. Nur welches?

Variante 1: Ein „Fetzen" ist ein Aufwischtuch, somit ein unsauberes und wohl auch löchrig gewordenes Tuch, das zu nichts Anderem mehr taugt. Da ist einer so verwirrt, dass man annehmen kann, sein Gehirn gleiche einem Aufwischtuch. Der „Fetznschädl" wäre dann das wienerische Äquivalent zum Strohkopf.

Variante 2: „Fetzn" bedeutet im Dialekt einen schweren Alkoholrausch (vielleicht, weil man ein Aufwischtuch braucht, um die Folgen des Rauschs zu beseitigen). Der Fetznschädl benimmt sich also so, als sei er blunznfett.

Variante 3: Da ist einer so durcheinander, dass er sich, statt einen Hut aufzusetzen, ein Aufwischtuch um den Kopf wickelt.

Ich kann mich für keine der drei Varianten wirklich entscheiden. Die dritte scheint mir etwas grotesk, doch der Schmäh kann die Groteske beinhalten – das merkt man etwa bei ungewöhnlichen Badepraktiken, wenn man sagt „I bin net auf da Nudlsuppn daheagschwumma"[73] (wie diese Redewendung zustandekam, wüsste ich gerne). Dennoch neige ich beim „Fetznschädl" eher zur ersten oder zweiten Variante.

Apropos schimpfen: Ich hadere gerade mit mir selbst und der Lektorin meines Vertrauens, die diesen Kampf ebenfalls gleichzeitig mit sich selbst ausficht, ob der Wiener schimpft oder a Goschn auhängt[74]. Es gibt in der Bedeutung eine Nuance Unterschied. Jemandem hinterher keifen wäre auf Wienerisch zweifellos nachkeppeln oder a Goschn auhängan. Man sagt, nachdem man beispielsweise gehört hat, welche empörenden Dinge jemand über einen verbreitet: „Na woat, den wear i a Goschn auhänga." Das bedeutet dann soviel wie „dem werde ich meine Meinung sagen".

In dem Zusammenhang fällt mir gerade was ein – Sie erinnern sich an die Frau Barischitz, die Fleischhauerin, der ich mein erstes Schmäh-Erlebnis verdanke, das mit dem eingefrorenen Feuer im Kamin? Irgendwann hat auf dem Brigitta-Markt ein zweiter Fleischhauer aufgemacht, womit die Frau Barischitz ihr Monopol verloren hat, speziell das der Preisgestaltung. An den Namen des anderen Fleischhauers erinnere ich mich nicht mehr. Jedenfalls hat er meiner Großmutter gegenüber behauptet, die Frau Barischitz würde weit überhöhte Preise verlangen. Meine Großmutter hat das, zwecks Preissenkung, der Frau Barischitz brühwarm weitererzählt. Worauf diese gesagt hat: „Mei liaba, dea soe si woam auziagn, den wear i n Buckl waschn! Den Falottn wear i a Goschn auhänga, die si gwaschn hot!"

„Warm anziehen" ist keine spezifisch wienerische Redewendung, bei „etwas hat sich gewaschen" bin ich unsicher. In der Bedeutung von „außerordentlich" dürfte es auch im nicht-Wiener Ausland gebräuchlich sein. Aber beim

Waschen des Buckels, also des Rückens, haben wir einen Schmäh in der Redewendung. Was, bitteschön, soll schließlich so schlimm daran sein, wenn einem jemand mit einem Waschlappen oder einem schönen weichen Schwamm den Rücken wäscht? In Wellness-Oasen zahlt man dafür extra und nicht wenig.

Na ja, die Redewendung ist halt alt. Das Bild, das damals vor Augen stand, war nicht das von Waschlappen und Schwamm, die wohlig berühren, sondern das einer Waschrumpel, einem groben Holzbrett mit stark gewellter Fläche. Wird der Rücken damit bearbeitet, kann das ziemlich unangenehm werden. Wiewohl ich davon überzeugt bin, bei entsprechender Vermarktung könnte man in Wellness-Oasen dafür noch mehr verlangen als für die sanfte Methode mit dem Schwamm. Schmähohne. Den Preisnachlass hat meine Großmutter übrigens für einen Einkauf bekommen. Dafür war der andere Fleischhauer in der Folge ziemlich unfreundlich zu ihr. Frau Barischitz dürfte demnach ein kleines feines Gespräch mit ihm geführt haben. Ihre Preise blieben jedenfalls, wie sie waren. Auch mit dem Nachlass für meine Großmutter blieb es bei der einen Ausnahme.

Halt, den „Falotten" muss ich noch ergänzen (danke für den Hinweis, oh Lektorin meines Vertrauens), der scheint einfacher, als er ist. Sedlaczek leitet ihn im „Wörterbuch des Wienerischen" zweifach ab, einmal vom Französischen „falot" (schnurriger Mensch), ein zweites Mal vom Italienischen „fa lotto" (Lotto spielen). Teuschl ortet das lateinische „fallere" (betrügen) als Ursprung. Der Wehle schreibt das Wort meiner Meinung nach entgegen der Aussprache (niemand betont es auf der ersten Silbe) „Fallot" und tendiert zur italienischen Lösung Sedlaczeks. Wie dem auch sei, bedeuten tut's in allen Fällen „Gauner".

Damit komme ich jetzt endlich zur Auflösung des Rätsels um den Ausdruck „Blunznscheißa", mit dem der Taxler den riskant fahrenden anderen Autofahrer belegt hat. Ich habe meine ganze Umgebung, sofern sie etymologieversessen ist, damit tyrannisiert. Kein einziger kannte den Ausdruck. „Scheißa" ist klar. „Blunzn" als Hauptwort bezeichnet eine dicke und wenig intelligente Person, meist in der alliterierten Kombination „blade Blunzn". Adjektivisch gebraucht ist „blunzn" gleichbedeutend mit „wuascht", also gleichgültig. Die zutreffendste Erklärung fand mein Freund Herbert, der mich daran erinnerte, dass „Blunzerl" auch einen kleinen, schlaffen Penis bezeichnet. Der „Blunznscheißa" sei, meinte er, ein Verhörer meinerseits, in Wirklichkeit sei es ein „Blunzerlscheißa" gewesen, also einer, der den Stuhl durch sein schlaffes Miniaturgeschlechtsorgan abführt.

Damit wäre ich völlig zufrieden gewesen. Doch dann erspähe ich auf meinem täglichen Weg zur Station der Straßenbahnlinie 5 just diesen Taxler. Auf dem Standplatz steht er, lässig an seinen beigefarbenen Mercedes gelehnt, den „Kurier" lesend. Jetzt will ich es wissen. Also leiste ich mir, obwohl die Linie 5 keine Störung hat, eine Taxifahrt und sage ganz zwanglos: „Übrigens – neulich haben Sie einen Lenker, der beinahe einen Unfall mit Ihnen gebaut hätte, einen Blunznscheißa oder Blunzerlscheißa genannt. Im Bekanntenkreis sammeln wir zum Spaß Wiener Ausdrücke. Den kennen wir alle nicht, wo haben Sie den her?" – „Den Blunznscheißa? Waas i net, des is ma hoed grod a so eigfoen." Eine spontane individuelle Bildung also – das ist des Rätsels Lösung!

Und jetzt plädiere ich dafür, diesen „Blunznscheißa" in den Wiener Schimpfwörterschatz aufzunehmen. Himmel und Hölle werde ich dafür in Bewegung setzen. Wenn gar nichts hilft, werde ich beim Kunstministerium um Unterstützung bitten für die Förderung dieser sprachschöpferischen Leistung.

Ein Blunzenscheißer, wer etwas dagegen hat!

Schmähohne.

Intermezzo: Im Schrebergarten

An der Begrenzungshecke zweier Schrebergärten.

- Heast …!
- Wos is?
- Jetzt bist draun, du Waschl! Hundatmoe hob i da gsogt, du soest den Opföbam umsetzn. Owa naa, da Hea is jo gscheida! Jetzt is ma fost ana von deine Äpfl auf n Schädl gfoen!
- Geh, budl di net a goa so auf, du Strenza! Ka anzigs Astl von den Baam geht ume auf dei Gstättn. Des draud si dea Baam jo a goa net, weu sunst wiad a jo hinich wean.
- Wos sogst iba mein Goatn, du Streithansl? Mei Liaba, a Wuat no, und i ziag da en Hoezpüdschama au.
- A do schau, wia wüsd dn des mochn, du Stepsel?
- Glei bin i in Raasch! Daun fliagst so hoch, dass d dei Schutzengal es Ave Maria singan heast!
- Hupf in Gatsch, du Wappla! Kimm umme, waunst du Hianederl iwahaupt en Weg findst!
- Des wiad net schwaa sei, zu Dia Sandla brauch i jo nua da Nosn nochgeh!
- Herr Kocourek, bitte …
- Glei, Bua, i hob no was zan ausdischkutian min Hean Nochbarn, den Gfrast, den hinichn!
- Und waasd, wos da Nochboa dia aufgstöödn Hundsdrimmal sogt …?
- Geh, Blada, du bist sowas von augschitt, dass d net amoe meakst, wauns d in Fusl dasaufst.
- Herr Kocourek, bitte …
- Wos is, Bua?

- Herr Kocourek, die Mama hat gsagt, ich muss mich bei Ihnen entschuldigen. Ich hab versucht, aus dem Garten da hinten einen faulen Apfel bis zum Bach zu werfen, und die Mama sagt, ich habe Sie fast getroffen. Bitte sind Sie mir nicht böse, Herr Kocourek.
- Geh, Bua, warum soe i da bees sei? Owa es nexte Moe passt bessa auf, gö?
- Ja, Herr Kocourek. Danke, Herr Kocourek.
- Kaum ma sogn, wos ma wüü üwa de Steputat, de Gwirksnixn, owa ian Buam hot s guat eazogn.
- Des kaun ma woe sogn. Woen S zu mia ummekumman auf a Stampal?
- Oda Sie kumman zu mia auf a Achtal, wia's megn, Hea Petritschek.

Singen mit Schmäh

Das muss ich Ihnen jetzt erzählen:

Das Wienerlied ist Schmäh in Versen. Ein bisserl was habe ich bereits anklingen lassen in vorigen Kapiteln.

Nur ist es halt mit dem richtigen Wienerlied ein rechtes Gfrett[75]. Der Kommerz hat voll zugeschlagen. Die Arrangements haben die Melodien so lange in immer süßlichere und wehleidigere Töne getaucht, bis vom herben, frechen Original fast nichts mehr übrig war. Solche Arrangements sollen die Wiener Weinseligkeit ausdrücken oder das Wiener Raunzen oder eine bestimmte Art der Sentimentalität. Das Raunzen, die Weinseligkeit und sogar die Sentimentalität gehören bei vielen Wienern in bestimmten Situationen dazu. In dieser allumfassenden Darstellung, in der selbst die Lipizzaner „Mei Muattal woar a Weanarin"[76] zu singen (oder eher zu wiehern) scheinen, sind sie jedoch Wien-Klischees. „Nie dürft ihr so tief sinken, von dem Kakao, durch den man euch zieht, auch noch zu trinken", hat Erich Kästner gesagt. Wien ist so tief gesunken, von den Wien-Klischees zu profitieren, und weil die im Fremdenverkehr so gut ankommen, macht man mit.

Das Wienerlied hat es dabei wirklich hart getroffen. Aber seit sich Karl Hodina[77] des echten alten Wienerlieds angenommen hat, gibt es wieder eine größere Zahl von Sängern und Musikern, die es mit dem richtigen herben Schmäh aufführen. Auch beim Heurigen hält das originale Wienerlied immer öfter Einzug. Wenn es mit der Schrammel[78]-Besetzung begleitet wird, ist das schon ein gutes Zeichen. Allerdings trifft man oft auf die Wienerlied-Standards, in denen sich das Wienerlied selbst feiert oder die Schönheit Wiens und der Donau besingt oder den Wein preist, und in den meisten Fällen alles drei zugleich macht. Fallweise freilich konfrontiert das Wienerlied manch einen Gast auch schmähvoll mit den Folgen des Weinkonsums:

> Beim Heurigen war draußt ein Herr
> Und wackelt dann z' Haus ziemlich schwer,
> Er hat mit dem Ausziag'n a Gfrett,
> Und liegt endlich drinnen im Bett.
> Wie er suacht die Tuchent am Fleck,
> Ui, Bruader – da macht's an Eck[79]!
> Jetzt g'spürt er, dass er ganz verzwickt,
> Verkehrt in an Waschtrog liegt!

Und da haben wir eines aus dem Jahr 1830 über Wirtshäuser:

> Beim „Blitzblauen Ochsen" in Lerchenfeld
> will zahl'n sein Zech a Gast,
> doch weil er z'wenig Geld d'drauf hat,
> denkt er sich: Sixt, das hast;
> jetzt isst recht g'schwind zwa Brateln no',
> a Groß's und dann a Klan's,
> na ja, den Wurf kriagst so wie so[80],
> jetzt is's scho' alles Ans.

> Beim „Braunen Hirschen" in Leopoldau
> da tuan s kan Tischtuach hab'n,
> 's deckt d Wirtin mit'n Vürta (Vortuch) auf
> und fertig is die Kram.
> Doch weil dort in der Kuchel halt
> nix g'waschen wird und g'rieb'n,
> is' neuli' auf 'n Nudelbrett
> Die Köchin picken blieb'n.

Strophe eins: So geht der Schmäh! Wenn man schon nicht zahlen kann, dann erst recht futtern, für drei Braten und wohl auch Getränk ist ein Fußtritt in den Allerwertesten geradezu billig. Und die G'schicht mit der Köchin und dem klebrigen Nudelbrett – die Strophe, die könnte glatt die Konkurrenz vom „Braunen Hirschen" gedichtet haben. Am End' war's ja der Besitzer vom „Blitzblauen Ochsen".

Sehen Sie, das sind die Wienerlieder mit Schmäh, die ich mag. Die lege ich Ihnen ans Herz. Sie sind von anderer Natur als die gemütvollen. Sie sind kantiger. Und meistens erzählen sie ein G'schichterl, das recht pikante Wendungen nehmen kann. Da hätt' ich zum Beispiel eines aus der Mitte des 19. Jahrhunderts:

> Wollt's an Mann, sagt er,
> Seid's fein g'scheit, sagt er,
> nehmt's kein' Alten, sagt er,
> 's wär kan Freud', sagt er,
> nehmt's kein' Jungen, sagt er,
> sind oft schlecht, sagt er,
> so, wia i bin, sagt er,
> san s' grad recht.

Wer in' Himmel, sagt er,
H'nein will kemma, sagt er,
Der muaß Fäustling, sagt er,
A' mitnehma, sagt er,
Denn im Himmel, sagt er,
Da is kalt, sagt er,
Weil der Schnee, sagt er,
Aberfallt.

Die erste Strophe ist ja recht nett. Aber die letzte Strophe ist doch Schmäh pur! Da gehört der doppelbödige Humor dazu. Wie war das mit Paradies und ewiger Wonne und so? Nix da, sagt der Schmäh, wer in den Himmel kommt, wird ganz schön frieren, saukalt muss es dort sein, sonst würde es ja winters nicht von oben herab schneien. Nachgerade froh kann man sein, wenn man dereinst wärmeren Gefilden zugewiesen wird.

Aus der gleichen Zeit stammt ein Fiaker-Lied. Was ein Fiaker ist, wissen Sie? Der Begriff ist dem französischen „fiacre" nachgebildet und bezeichnet die zweispännige Lohnkutsche ebenso wie den Kutscher. Die Fiaker waren die Taxis des Pferdezeitalters. 1693 wurde in Wien die erste Lizenz erteilt. Fiaker fahren auch heute noch auf innerstädtischen Sightseeing-Routen. Schaut hübsch aus, ist auch nett, an einem schönen Frühlings- oder Herbsttag auf diese Weise dahinzubummeln, aber im Sommer kann's arg heiß werden, und zwar für die Fahrgäste wie für die Pferde. Dass manche Fiakerkutscher mit den Tieren wenig pfleglich umgehen, führt immer wieder zu Protesten von Tierschutzorganisationen, die freilich wenig bewirken. Der Fiaker gehört nun einmal zu Wien. Und wenn die Kutscher ein Gefühl für ihre Tiere haben, ist dagegen gar nichts einzuwenden.

Zurück zu dem Fiakerlied. Das besingt in der ersten Strophe die kohlschwarzen Rappen, in der zweiten den frühmorgendlichen Arbeitsbeginn, in der dritten aber heißt es:

> Ja, i hab' a bildsauber's Maderl,
> Das is' aus an eigenen Holz,
> Dö wascht mir vom Wag'n meine Raderln,
> Auf dö bin i fürchterli' stolz.

Von den Pferden zur Frau führt das Lied, sozusagen, und die muss denn auch schuften wie ein Ross, denn die Räder zu waschen, ist die schwerste und schmutzigste Arbeit beim Säubern einer Kutsche. Es ist geradezu eine Viechsarbeit. Ich weiß es aus Erfahrung, ich hab's einmal selbst gemacht, und das waren nicht einmal besonders verdreckte Räder. Freiwillig macht das keine Frau, die etwas auf sich hält. Wissen Sie was? – Ich verdächtige den wackeren Kutscher glatt, er hätte kein Recht gehabt, die hölzerne Speckseite aus dem Roten Turm zu holen, vor der ich Ihnen im nächsten Kapitel berichte. Der Kerl erzählt einen Schmäh, da bin ich sicher!

Wie war doch die Redewendung von Lona Chernel? *Die* Chernel sage ich: Das Volksadels-„die" nehme ich mir heraus, denn sie war ein wunderbarer Mensch, nicht nur eine der begnadetsten Schmähtandlerinnen, die persönlich kennenzulernen ich das Vergnügen hatte, sondern auch eine Frau mit großem Herzen. „Die vornehmste Aufgabe des Menschen ist, andere Menschen zu begleiten", war ihr Credo. Die Chernel also bedauerte häusliche Zwistigkeiten stets mit dem Satz: „So schad', wenn sich jeder seinen eigenen Strindberg macht." Im Wienerlied klingt das so:

> Ein Ehpaar lebt seit langer Zeit, es is' a Schand,
> Als wie a Hund und wie a Katz' so miteinand.
> Will er z'Mittag an Strudel, kocht sie ihm a Kraut
> Und an Kaffee – weil's er net will – haut's ihm an Batzen Haut.
> Drum gibt's oft a Streiterei,
> Zum Schluss zumeist a Keilerei,
> Doch wann dann schlafen geht das liebe Paar,
> Ist wie im Nu das Streiten gar.

Zusammenraufen, könnte man das nennen. Die Chernel würde sagen: „Die sind halt ihren Strindberg schon g'wohnt." Abgesehen davon, dass auch dieser Mann – also, ich meine, der hätte dem Roten Turm nicht einmal in die Nähe kommen dürfen.

Das allerschönste Lied, das mit Schmäh die ganze Gefühlsskala hinauf und hinunterspielt, ist sicher Ferdinand Raimunds „Hobellied" aus dem Stück „Der Verschwender" aus dem Jahr 1834. Ob man es als Wienerlied nennen kann, oder Couplet oder ein echtes Kunstlied, will ich nicht entscheiden. Es spielt auch gar keine Rolle. Eine Strophe haben Sie im Kapitel „Der Schmäh und der Tod" kennengelernt, aber jetzt ist der Moment für das ganze Lied, und in ihm ist alles drin, die Wehmut, der Grant, das Raunzen, das sehr wienerische Vermeiden von Konflikten, das Fügen ins Schicksal. Und der Tod.

Da streiten sich die Leut' herum
oft um den Wert des Glücks;
der Eine heißt den Andern dumm,
am End' weiß keiner nix.
Da ist der allerärmste Mann
dem Andern viel zu reich,
das Schicksal setzt den Hobel an
und hobelt alle gleich.

Die Jugend will halt stets mit G'walt
in allem glücklich sein;
doch wird man nur ein bisserl alt,
dann find't man sich schon drein.
Oft zankt mein Weib mit mir, oh Graus,
das bringt mich nicht in Wut.
Da klopf' ich meinen Hobel aus
und denk': Du brummst mir gut!

Zeigt sich der Tod einst mit Verlaub
und zupft mich: „Brüderl, kumm!",
da stell' ich mich am Anfang taub
und schau mich gar nicht um.
Doch sagt er: „Lieber Valentin,
mach' keine Umständ', geh!",
dann leg' ich meinen Hobel hin
und sag' der Welt ade.

Das mag ich gar nicht weiter kommentieren, ich glaube, ich
würde es damit nur verderben. Aber zum Schluss will ich
Ihnen mein ganz persönlich allerliebstes Wienerlied vorstellen, auch aus der Mitte des 19. Jahrhunderts: Zwei Stro-
phen (zwei weitere gibt's, aber ich bin überzeugt, dass die
nicht original, weil nicht originell sind) – und die sind gar

nicht traurig und weinerlich, und der Schmäh rennt. Wie ein Windhund rennt er, der Schmäh, ich versprech's Ihnen:

> Droben auf der Türkenschanz'
> gibt's a Remasuri[81],
> 's tanzt der Herr von Petersiel
> mit der Madam' Buri.
> Olih, olieh o,
> so a Hetz war no net do!

> Während dem, dass tanzen tuan
> Spielt der Herr von Zeller
> Auf der Geig'n an Schnittlingtanz,
> Macht dabei kan Fehler.
> Olih, olieh o,
> so a Hetz war no net do!

Machen Sie sich jetzt die noch nie dagewesene Hetz' und stellen Sie sich das bildlich vor! Was Petersiel ist, weiß jeder, das ist die Petersilie. Buri ist der Wiener Dialektausdruck für Porree, also Lauch. Der sehr blättrige und sehr niedrige Petersiel tanzt also mit der mageren, hohen und steifen Lauchstange. Die Musik ist sehr flott. Wenn die beiden einander nur nicht auf die Tanzwurzeln treten! Aber es kommt noch besser: *Während* sie tanzen, spielt der Herr von Zeller einen Schnittlingtanz, nicht etwa, dass sie zum Schnittlingtanz des Herrn von Zeller tanzen. Nein, sie tanzen, und der Herr Zeller spielt, aber nicht einmal zum Tanz, sondern quasi in Parallelaktion, aber wenigstens fehlerfrei. Wirklich zusammenpassen tut da gar nichts. Kann ja gar nicht, denn wie soll ein geigender Sellerie (wienerisch: Zeller) Verständnis für die Schrittfolgen von Petersiel und Porree haben? Die beiden wiederum müssen mit der Musik überfordert sein, ja, sie muss nachgerade wie ein Schönberg'sches Zwölfton-stück in ihren Ohren klingen, denn es sind Schnittlingtän-ze, die der Herr Sellerie für Petersilie und Porree aufgeigt. Schnittling ist wienerisch für Schnittlauch.

Soll ich Ihnen was sagen? – Da tanzt eine Altwiener Ge-müsesuppe! Und mir läuft das Wasser im Mund zusammen. Auf das Lied geh' ich jetzt was essen.

Schmähohne!

Intermezzo: Im Park

Im Park, ein Tag im Juni, praller Sonnenschein.

- A so a Sauwetta, so a grauslichtes!
- Gehen S, Hea Kocourek, wos is des fia r a Bledsinn von eana? D Sunn brennt owe, ka anziges Woekal am Himmö, und Sie dazön wos von an Sauwetta!
- Wos sogn S von da Sunn, dass s scheint, Frau Schuller? Regnan tuat's, und wia! Drum hob i jo den Schiam aufgspannt.
- I hob glaubt, den homs wegen da Sunn. Wia kummen S dn drauf, dass regnt?
- No, schaun S, da Gustl, wissen S eh, mei Schwoga, dea hot ma a neix Händi gschenkt. Do hob i aa an Wettabericht drauf, und dea sogt, dass s grod regnt. Do schaun's.
- Tatsächlich. No, und waun's foesch auzeigt, des Händi?
- Naa, des is aufm neuesten Staund, hot da Gustl gsogt. Neilich woas just andasd herum: D Leit san mi n Schiam gaungan, owa mia hot des Händi gsogt: Schee is. Do is des Liacht von da Sunn woascheinlich in Tropfen owegfoen.
- Wissen S, Hea Kocourek, fria woa des scho aafocher: Ma hot nua ausn Fensta g'schaut und hot gwusst, wia s Wetta is.
- Jo, fria … Do hot ma si scho gaunz schee vatuan kenna. Samma froh, dass ma jetzt de Technik hom, sunst warat ma jetzt noss bis auf de Haud in prralln Sonnanschein.

Lieben mit Schmäh

Das muss ich Ihnen jetzt erzählen:

„I mog di", sagt der Schmäh. „Ich liebe dich" wäre viel zu pathetisch. „Ich liebe dich" ist geradezu distanziert. „Ich liebe dich" hat keine Musik. „I mog di", da ist alles drin, so schlicht ist das, so schön, so zärtlich. „I mog di" singt. Versuchen Sie einmal, „Ich liebe dich" zu singen. Merken Sie, wie Sie ganz automatisch dramatisieren? Das klingt ja geradezu, als wollten Sie zu einem Monolog anheben, der einem Musikdrama Richard Wagners entsprungen ist, aber nicht Ihrer Seele. Und jetzt singen Sie: „I mog di." Gelingt das nicht ganz von selbst viel sanfter, viel intimer? „I mog di" sagt der Schmäh, und wenn er es sagt, dann meint er es genau so.

Aber bevor wir dahin kommen, muss ich Ihnen ein G'schichterl erzählen, so quasi als Warnung, wie es Wiener Männern ergeht, nämlich die Sache von der Speckschwarte im Roten Turm. Das ist auch so ein Fall von Schmäh, und um Liebe geht es auch. Irgendwie.

Zuerst verspreche ich Ihnen nur, dass dieses Kapitel über die Liebe kurz wird. Kaum ein richtiges Kapitel wird es sein, eher ein Kapiterl. Nicht, weil es zur Liebe nichts zu sagen gäbe, und nicht, weil es zum Schmäh in der Liebe nichts zu sagen gäbe.

Das Gegenteil ist der Fall.

Zuviel gibt es zu berichten, weil ja Liebe etwas sehr Individuelles ist. Gerade deshalb kann ich nur ganz wenig Allgemeines über den Schmäh in Herzensangelegenheiten schreiben, denn die Liebe lässt jede und jeden den eigenen Schmäh finden.

Ob die Liebe in Wien etwas ganz und gar Wienerisches hat, weiß ich nicht. Wienerisch jedenfalls und damit ganz und gar Schmäh ist, wie man über die Liebe und den Sex spricht. Zum Beispiel treibt man es („es"!) als Wiener weder mit dem F-Wort noch mit dem V-Wort. Der Wiener schnackselt. Das kommt von schnackeln, was zittern oder zappeln bedeutet. Sehen Sie, das nenn' ich einen Schmäh: Drastisch beschrieben, aber mit einem Wort, das gar nicht drastisch klingt. Darum überzeugt das Ergebnis auch. Um wieviel charmanter, um wieviel verspielter klingt es („es"!), wenn es („es"!) schnackseln ist und nicht, pardon, jetzt doch, aber aus reinen Vergleichsgründen, ficken oder vögeln.

Bevor es zum Schnackseln kommt, muss der Schmäh rennen, und wenn die Frau auf einen rechten Schmähbruada trifft, dann macht sie ihn einzig und allein dann schmähstad[82], wenn sie auf Distanz geht. Ob sie das macht, steht auf einem anderen Blatt. Denn das Wienerische kann so verführerisch sein wie das Französische – was sag' ich? Noch verführerischer kann es sein! Was ist „je t'aime" gegen „I mog di"? Können Sie es schon sagen: „I mog di". – Na eben, Sie merken es ja selbst!

Das Anbandln scheint nachgerade eine Wiener Erfindung zu sein, von den Franzosen und den Italienern allenfalls halbwegs brauchbar imitiert. Mittlerweile wird das

Anbandeln auch von Frauen ganz aktiv praktiziert, und natürlich auch von Mann zu Mann und von Frau zu Frau. So altmodisch Wien in vielen Belangen sein mag – in diesen geht es längst mit der Zeit. Die Tage, in denen die Rosa Lila Villa, das Lesben-, Schwulen- und Transgenderzentrum in der Linken Wienzeile, den Grund für einen gewaltigen Bahöö[27] verursacht hat, sind vorüber. Nicht von ungefähr ist Wien auch die Stadt des Life Balls, der europaweit größten Benefiz-Veranstaltung zu Gunsten HIV-infizierter und AIDS-erkrankter Menschen.

Was übrigens nichts daran ändert, dass der Schmäh auch in diesen Belangen politisch inkorrekt bleibt. Pardon. Homosexuelle Männer sind „Woame" oder, weil Männer gelbe Kleidungsstücken als Erkennungszeichen trugen, „Gööwe", „Haucherl", „Hoiwe" oder, weil ein *echter* Hund auf *echtes* Fleisch stehen sollte, „Semmöhund". Für lesbische Frauen ist mir nur ein Ausdruck häufiger untergekommen, nämlich „Antn". Das ist gar nicht schlecht beobachtet, denn die Enten gehörten zu den ersten Tieren, bei denen in freier Wildbahn Individuen mit homosexueller Neigung entdeckt wurden. Warum die Männer dann keine „Erpel" sind, erkläre ich jetzt einmal ganz einfach damit, dass die „Antn" auch als Vogel im normalen Sprachgebrauch ist, der Erpel hingegen nicht ansatzweise. Und überhaupt: Versuchen Sie einmal, Erpel im Wiener Dialekt auszusprechen! Ein Eapl ist und bleibt ein hoffnungsloser Fall. Vor allem als Schimpfwort, das soll schließlich leicht über die Lippen gehen. Aber das Schimpfen hatten wir schon, jetzt sind wir bei was viel Schönerem.

Also, wie wird die Kotz jetzt eibrotn?

Wie bitte? – Wieso ich jetzt was von Erbrochenem in der Pfanne erzähle? Gemach, oh Lektorin meines Vertrauens, ich erkläre es ja schon.

Eine „Kotz" hat absolut nichts mit dem Kotzen zu tun. Schauen Sie sich einmal an, wie geschmeidig eine Katze auftritt. Solch eine Eleganz wirkt doch sehr weiblich, so stellt man sich eine verführerische Frau vor. Deshalb ist die Kotz die wienerisch ausgesprochene Katze. Das Wort wird angewendet auf eine Frau, die ein solches katzenhaftes Flair besitzt. Übrigens gibt es da auch noch den „Möadahosn". Das ist kein Karnickel mit verbrecherischen Absichten, sondern ein Mörderhase im Sinne von Mordshase, also ein außerordentlicher Hase. Und ein Hase ist dabei eine begehrenswerte Frau. Wie es zur Bezeichnung Hase kam? Da bin ich leider schmähstad. Oder doch nicht ganz. Die Hasen sollen es („es"!) ja recht intensiv tun, weshalb der Schmäh einen Mann mit diesbezüglich übersteigertem Bedürfnis einen „Rammler" nennt. „Einbraten" ist dagegen ganz klar: Weichkochen ist gemeint.

Ein kleines Tänzchen hilft dabei, am besten nicht zu einer politisch ganz und gar inkorrekten „Negamusi", sondern zu einem „Lamuhrhadscha". Der enthüllt sein Geheimnis, wenn ich ihn, ganz wider mein Prinzip, nicht der Aussprache gemäß schreibe: Der „L'amour-Hatscher" ist demnach ein Tanz, bei dem man sich nicht an die streng geregelten Schrittfolgen eines Walzers zu halten braucht, sondern „hatschen" kann, weil es um die Liebe mehr geht als um den Tanz.

Das „hatschen" wird übrigens meist falsch abgeleitet, nämlich von der „Hadsch", dem Pilgerweg der Muslime nach Mekka. Das Bild wäre gar nicht schlecht: Denn das müde Gehen nach einem langen Marsch wäre zutreffend, und Kontakte zur islamischen Kultur hatte Wien, kriegerische in zwei Türkenbelagerungen ebenso wie friedliche durch Handelsbeziehungen mit dem osmanischen Reich. Schön wär's, wie gesagt, nur stimmen tut's nicht. Der Ausdruck kommt mit ziemlicher Sicherheit von der mittelhochdeutschen „hatsche", der Ente, deren Watscheln den Ausdruck geprägt hat. Und die jetzt, bitteschön, keine Antn sein möge. Oder vielleicht doch. Kommt auf die Situation an.

Letzten Endes holt man als gestandener Wiener vielleicht doch noch die Speckschwarte aus dem Turm – oha, die schulde ich Ihnen ja noch.

Es war so: Die Wiener gelten als rechte Simandl. Das Wort erklärt sich von selbst, es hat aussprachehalber nur ein „e" verloren. Richtig wär's „Sie-Mandl" geschrieben, was ein weibliches Männchen bedeutet. Simandl ist der Pantoffelheld. Als solche gelten, wie gesagt, die Wiener, und das schon im Mittelalter. Der Wiener will halt auch in Beziehungsdingen vor allem einmal „a Ruah hom". Das dominante Gebaren liegt ihm nicht.

Nur freiwillig zugeben – das kommt nicht in Frage! Deshalb beschwerten sich die Wiener beim Stadtmagistrat über die üblen Gerüchte, sie stünden allesamt unter der Fuchtel ihrer Frauen. Einer aus dem Magistrat ließ daraufhin in den sogenannten Roten Turm der Stadtmauer (von dem die Rotenturmstraße heute noch ihren Namen hat) eine Speckseite hängen, keine echte, sondern eine aus Holz geschnitzte, samt einer Tafel, auf der zu lesen war: „Befind sich irgend hier ein Mann, / Der mit der Wahrheit sprechen kann, / Daß ihm sein Heyrath nicht grauen, / Und fürcht sich nicht für seiner Frauen, / Der mag diesen Backen herunter hauen."

Der hölzerne Speck hing und hing. Und hing.

Eines Tages kommt ein jung verheirateter Bursch, dem man seine Schneidigkeit ansieht. „Ich hol' die Speckseite herunter", sagt er zu den Umstehenden. Er schnappt sich die an den Turm angelehnte Leiter und steigt hinauf. In der Höhe des Holzstücks angekommen, zückt er sein Messer, um das Seil durchzuschneiden. In dem Moment hält er inne und steigt wieder hinunter. Unten angekommen, zieht er die Jacke aus und will schon wieder hinaufsteigen. Da fasst ihn einer der Umstehenden am Hosenbund fest und fragt: „Was soll das?" „No,", erwidert der Bursch, „wenn ich die Speckseite abschneid', kann ich sie nur halten, indem ich sie an mich presse. Wenn dabei meine Jacke schmutzig wird oder gar einen Riss bekommt – was, glaubst du, erzählt mir dann meine Frau?"

Recht hat er gehabt. Die Ruh' wär weg gewesen auf unabsehbare Tag', da hätt' ihm kein Schmäh genützt. Die hölzerne Speckseite blieb unangetastet, bis der Turm 1776 abgerissen wurde. Schmähohne.

Eine Simandl-Bruderschaft gab's übrigens auch, in der die unterdrückten Männer gegenseitig ihr Los beklagen konnten, so quasi ein Verein der mehr oder weniger anonymen Pantoffelhelden dürfte das gewesen sein. Aber zur Ehrenrettung der Wiener muss ich ganz schnell anfügen, dass diese Geschichte sich nicht in Wien zugetragen hat, sondern in Krems, wo bis heute der Simandl-Brunnen steht.

Und wie die Liebe mit Schmäh heute ausschauen kann? Ja – welches Gesicht setzt der Schmäh auf, wenn es ihm um

Liebe geht? Äugeln[83] wird er und auschmachtn[84], sackln[85] wird er sich, einedrahn[86] und eiweimbaln[87], dann schließlich zuwelahna[88] und am Schluss vielleicht sagen: „I steh auf di". Oder: „I mog di."

Was dann geschieht, ist nur noch eine Sache zwischen den beiden. Und was sie sonst noch schmähführen miteinander, geht uns schier gar nichts an.

Lassen Sie mich Ihnen aber noch etwas erzählen, etwas aus meiner Erinnerung. Es beginnt nicht als Schmäh in Sachen Liebe, sondern als Schmäh in Sachen Religion – ja, auch den gibt's. Ich finde das G'schichterl so hinreißend, dass ich es Ihnen trotz des Drumherums, das Sie vielleicht fragwürdig finden, einfach erzählen muss.

Doch ohne das Drumherum geht's nicht. Also: Es gab eine Zeit, da stand ich durch eine sehr enge Freundschaft den Zeugen Jehovas nahe. Heute ist das längst abgehakt und liegt einige Jährchen zurück. Sie wissen: Die Zeugen Jehovas, das sind jene ziemlich fundamentalistischen Christen, die immer gerade dann an der Türe läuten und über den Glauben reden möchten, wenn man sich das Wasser in die Badewanne eingelassen oder sich zu Kaffee und Kuchen hingesetzt hat oder einfach einmal an einem Sonntag etwas länger schlafen wollte. Die Zeugen Jehovas ziehen von Tür zu Tür, in der Hoffnung zu missionieren. Um das Gespräch zu beginnen, haben Sie sich Fragen zurechtgelegt, zu denen jeder irgendeine Meinung hat. Antwortet man, ist man schon im Gespräch.

Nun fragen sie normalerweise Sachen wie „Finden Sie, dass es gerecht zugeht in der Welt?" oder „Haben Sie sich schon einmal überlegt, woher alles Leid in der Welt kommt?" Irgendetwas dieser Art halt. Ich hatte mich mit einem Zeugen Jehovas angefreundet, der hatte sich seine eigene Frage für den Gesprächsbeginn zurechtgelegt. Christian, so will ich ihn für unsere Unterhaltung nennen, war etwa 40, eigentlich ein echtes Wiener Urviech[89] und unverheiratet. Die Ehe sei nichts für ihn, meinte er. Seine Technik, beim Missionieren mit Menschen ins Gespräch zu kommen, war echter Schmäh. Vorausschicken muss ich zum besseren Verständnis nur, dass die Zeugen Jehovas davon überzeugt sind, die Evolutionstheorie wäre ein Irrtum, Gott habe den Menschen grad so erschaffen, wie er heute aussieht.

Christian nun führte, wenn er missionieren ging, stets zwei Fotos mit sich, eines von einem Affen, der gerade mit einer Pfote das Hinterteil eines Artgenossen untersucht, und eines von Adam und Eva, wie Masolino sie schuf. Hatte Christian das Glück, dass ihm ein Wohnungsinhaber oder eine Wohnungsinhaberin ein paar Minuten lang ihr Ohr zu leihen bereit waren, dann zeigte er die Fotos der Affen und des Masolino-Freskos und fragte: „Von wem würden Sie lieber abstammen? Von diesen da …" (er zeigte auf Masolinos Malerei) „oder von denen da?" (Er zeigte auf die Affen.)

So unsinnig der Schmäh war – er funktionierte, soll heißen: Natürlich gab es keine Spontanbekehrungen, aber jeder, absolut jeder, der Christian ein paar Augenblicke Gehör schenkte, zeigte natürlich auf Masolinos Menschenpaar. Das war der Beginn etlicher netter, wenngleich stets folgenloser Gespräche.

Nur einmal hatte Christian seinen Meister im Schmäh gefunden, genauer gesagt: seine Meisterin. Eine Frau hatte nach dem Klingeln ihre Türe geöffnet. Sie war etwa 30, vielleicht eine Spur älter, außerordentlich attraktiv; als sich Christian als Zeuge Jehovas vorstellte, blieb sie freundlich. Christian witterte die Chance auf ein Glaubensgespräch. Er zog, wie gewohnt, seine Affen-Masolino-Nummer ab. Die Frau warf einen Blick auf die Fotos, überlegte ein paar Sekunden, dann deutete sie auf die Affen. „Von denen da", sagte sie. „Der Kerl ist mir zu schlecht proportioniert und hat obendrein einen blödsinnigen Gesichtsausdruck. Und …" (sie deutete auf das von Masolino aus moralischen Gründen arg untertriebene Geschlechtsorgan) „na ja, das da ist auch ziemlich mickrig. Finden Sie nicht? Ich setze meine ganze Hoffnung auf die Affen."

Christian war schmähstad.

Heute ist Christian kein Zeuge Jehovas mehr, und er ist richtig glücklich verheiratet. Raten Sie einmal, zu welcher Frau er letzten Endes gesagt hat: „I mog di".

Schmähohne.

Intermezzo: Auf einem Bankerl im Park

Bankerl im Park, ein lauer später Abend im Mai.

- Du, Franzi …
- Jo, Koal …
- I muaß da wos sogn.
- No?
- Waaßt eh …
- Na geh, jetzt sog s scho!
- Wos wiads d sogn, waun i mi um wos aundas umschaugat?
- Wos maanst?
- No, waun i fia wen aundan kochat, hoed net fian Schwoazn Koda, fia r a aundas Lokal hoed.
- Geh, moch kane Schmäh.
- Naa, wiaklech. I maan hoed … Da Schef …
- Kaunst net mi n Petritschek? I hob glaubt, ia seids eh guad midanaund.
- Oh ja, des is jo net …
- Wos denn?
- Geh, Franzi …
- So red do …
- Kaunst di an de Peppi erinnan? Die wos da Petritschek außeghaut hod, weu s mi n Kuat a Pantschal augfongt hod? Waaßt eh, den feschn, dea imma am Saumstag bedient hod.
- Eh …
- No jo, i maan hoed …
- Na geh, jetzt sog's endlich …

- Franzi, I mog di.
- Na, des hod laung dauert!
- Und du?
- Geh, Koal, des muaßt do gspian.
- Schmähohne?
- ...

Überall rennt der Schmäh

Das muss ich Ihnen jetzt erzählen:

So langsam merke ich, wie nostalgisch das alles ist. Das Erzählen über den Schmäh, das Schmähführen (jo, eh, oh Lektorin meines Vertrauens, ich weiß, dass ich's tu'), das ist ein bisserl auch eine Reise in meine Kindheit und Jugend, als Wien noch geträumt hat vom Kaiser und seiner Sisi, als mir die Frau Gerda Haberl, die eine Parfümerie gleich vis-à-vis von unserem Haus besaß, und die ich nie anders gesehen habe als in einem hellblauen Kleid mit weißem Stickereien, erzählte, dass ihr Vater sich einmal dem Kaiser vorstellen hat dürfen. Und in der Querstraße war der Laden vom Herrn Gewürz und seiner Frau, die Messer verkauft und nachgeschliffen haben. Meine Großmutter hat dem Herrn Gewürz immer die abgenützten Messer zum Schleifen gebracht, und wenn ich dabei war, und das war fast jedes Mal, hat der Herr Gewürz mir ein Malzzuckerl geschenkt und mich einen großen Buben genannt, aus dem einmal etwas Ordentliches werden wird, und meine Großmutter, der Herr Gewürz und seine Frau haben dann auch gleich die Neuigkeiten aus dem Grätzel ausgetauscht. Ach, wie lang ist das her!

Aber der Schmäh rennt auch heute noch, nur ist er mit dem Alter ein wenig behäbiger geworden, er rennt weniger und er rennt langsamer.

Jetzt gerade sitze ich im Zug von Wien nach Krems. Krems ist das Tor zur Wachau, und die ist für mich die herrlichste Gegend, die ich kenne. Wenn das Wetter halbwegs schön ist, genieße ich es, am Wochenende mit dem Zug nach Krems zu fahren, und dann Schiff und Fahrrad zu kombinieren, also mit dem Schiff die Donau stromaufwärts bis nach Melk zu fahren und von dort mit dem Rad zurück nach Krems, oder umgekehrt, also mit dem Rad bis Melk und dann stromabwärts mit dem Schiff bis Krems. Kommt drauf an, wo das Windmandl hockt und in welche Richtung es bläst. Mit etwas Glück verrät mir das der Donauwassermann, der gleich bei der Schiffsanlegestelle wohnt.

Verzeihen Sie, ich schweife ab, das kann vorkommen, wenn ich, ganz schmähfrei natürlich, von der Wachau berichte. Was ich erzählen wollte: Ich sitze im Zug und höre ein Gespräch mit. „Unhöflich ist das, richtig unhöflich", mischt sich die Lektorin meines Vertrauens ein, „und noch unhöflicher, es aufzuschreiben."

Jo, eh.

Ich höre also ein Gespräch mit, das, der Tonfall ihres Englisch verrät ihre Nationalität, drei Amerikaner untereinander führen, zwei Frauen und ein Mann. Offenbar sind es Wissenschaftler mit irgendeinem universitären Forschungsauftrag, entweder an der Wiener Uni, und sie machen das gleiche wie ich, nämlich einen Sonnensamstagsausflug in die Wachau, oder sie sind an der Donau-Universität in Krems tätig, die sich auf berufsbegleitende Weiterbildungsstudiengänge für berufstätige Akademiker, Fach- und Führungskräfte spezialisiert hat.

Sagt die eine Frau, sie arbeite gerne mit Deutschen im

Team, denn wenn man ihnen etwas aufträgt, führen sie es genau so durch, wie man es sich erhofft. Wendet der Mann ein, es sei freilich seltsam, dass die Deutschen einander stets mit dem Nachnamen ansprechen. Sind Kolleginnen und Kollegen aus anderen Nationen dabei, sprechen einander alle, auch die Deutschen, mit Vornamen an, was eine zwanglosere Atmosphäre bewirke, doch kaum seien die Deutschen wieder untereinander, würden sie sofort zurück zum Nachnamen wechseln. Fragt die zweite Frau, wie die beiden anderen denn mit den Österreichern zurechtkämen. Kurze Pause. Antwortet die erste Frau, mit den Österreichern im Prinzip recht gut, nur mit den Wienern habe sie hin und wieder Probleme. Da könne es vorkommen, dass sie „ja" sagen, aber „nein" meinen, und sie habe noch immer nicht begriffen, wann „let's have a look" bedeutet, dass sie sich der Sache annehmen und wann, dass sie es nicht tun.

Ja, gute Frau, das ist halt Schmäh in englischer Übersetzung. Auf Wienerisch gibt's da mannigfache Varianten. „Schau ma" oder „Schau ma amoe" kommt am ehesten hin. In der Regel bedeutet das buchstabengetreu den Inhalt: Es wird geschaut. Von gemacht ist da wirklich nicht die Rede.

Wien ist in den letzten Jahren zunehmend international geworden. Die Geschäfte, speziell die der Innenstadt, haben sich den Standards von Paris, London, München oder Berlin angepasst. Die Verkäuferinnen und Verkäufer bemühen sich, die Kundenwünsche zu erfüllen. Die Vernetzungen des Handels ermöglichen das problemlos. Der Schmäh rennt da nicht mehr so wie früher. Eher ist er davong'rennt.

Ich erinnere mich gut, wie sehr das in meiner Jugend

anders war. Das ist keine Gute-alte-Zeit-Nostalgie, sondern eine Feststellung. Da hatte jedes Geschäft seine Spezialitäten innerhalb seines Fachgebiets. Die großen internationalen Ketten waren in Wien noch nicht ansässig. Damals wussten Eingeweihte, welcher Wiener Juwelier Ware von welchem ausländischen Juwelier beziehen konnte, und welcher Wiener Schneider welche Stoffe aus dem Ausland zu importieren vermochte.

Das war die Zeit, da kluge Geschäftsleute ihre Namen in mehr oder minder minimaler Variation benützten, um die Authentizität ihrer Ware zu bekräftigen. Ein bisserl Schmäh war schon dabei, wenn ein Mann namens Niel seinen mit O beginnenden Vornamen, also Otto oder Oswald, wie auch immer, bis auf das Initial ablegte und sein auf britische Stoffe spezialisiertes Tuchhaus O. Neil nannte. O. Neil war ja beinahe O'Neill, das klingt schottisch oder irisch und damit nach Stoffen von den britischen Inseln. Das Tuchhaus existiert übrigens nach wie vor und liefert unvermindert Qualität.

Oder: Wem würden Sie eher zutrauen, mit echten Orientteppichen zu handeln – einem Adolf Böhm oder einem Adil Besim? In Wahrheit ist der Eine der Andere, und sein Geschäft floriert in mittlerweile dritter Generation. Der junge Wiener Adolf Böhm begeisterte sich für Orientteppiche. Zu Beginn des 20. Jahrhunderts war das Terra Incognita – außer eben im Orient. Böhm bereiste den Nahen Osten, um alles über Teppiche zu lernen. Zurückgekehrt nach Wien, eröffnete er seinen Teppichhandel unter dem Namen, mit dem er in den arabischen Ländern angesprochen worden war: Adil Besim. Welch genialer Schmäh! Denn wer es nicht wusste, glaubte, bei einem mit der Materie vertrauten Orientalen zu kaufen. Und wer es wusste, kaufte dennoch bei ihm, denn gerade die Namensänderung signalisierte die Anverwandlung der fremden Kultur. Ein Adil Besim, der in Wahrheit ein Adolf Böhm war, brachte einen Hauch Karl May ins Spiel, dessen Kara Ben Nemsi ja Deutscher ist – oder, genauer gesagt: Österreicher. „Almani" ist im heutigen Arabisch der Deutsche, „Nemsi" der Österreicher. Scheint, als habe es Karl May instinktiv vorausgeahnt: Wer mit Namen so schmähführt, kann nur ein Wiener sein.

In jener nur ein paar Jahrzehnte zurückliegenden Zeit mochte ein Verkaufsgespräch folgendermaßen ablaufen: Der Kunde fragt nach einem bestimmten Produkt, der Verkäufer kann es nicht bieten und sagt: „Ich wea mich bemühn." Oder er sagt: „Ich wea schaun, dass ich das füa Sie bekomm." Was er auch sagt und wie er es sagt – es läuft in diesen Fällen auf „Schau ma" hinaus und bedeutete: „Lieber Kunde, ich habe keine Chance, dieses Produkt zu organisieren, aber ich will Ihnen diese Auskunft durch Hoffnung versüßen, denn diese stirbt zuletzt."

Kunden aus dem nicht-Wiener Ausland, also beispielsweise aus Baden bei Wien oder aus Innsbruck oder gar aus beinahe Übersee wie München, Hamburg, Berlin oder London, denen diese Form der Vertröstung unbekannt war, gingen davon aus, der Verkäufer würde allen Ernstes Energie darauf verwenden, das Produkt zu besorgen, und waren konsterniert, wenn sie letzten Endes feststellen mussten, er habe nicht im Traum daran gedacht. Das mag einer der Gründe sein, der für den schlechten Ruf des Schmähs sorgte. Der Unterschied zwischen der Zusage und der Realität wurde für eine Lüge gehalten – und doch war er nur ein Charakteristikum der spezifisch wienerischen Form der Kommunikation.

Zu dieser gehört oder gehörte ebenso die unbedingte Anrede mit einem Titel. Das fällt gleichermaßen unter Schmäh. Denn auch hier findet eine Kommunikation statt, die von der Ebene der schnöden Realität gelöst ist.

Die Kaffeehäuser waren ein Biotop dafür. Heute begegnet einem das freilich seltener. Mittlerweile ist es vollkommen normal, dass der Ober an Tisch tritt und fragt: „Was darf ich Ihnen bringen?" Vor der Internationalisierung Wiens, die seit dem Aufkommen des Internets rapide fortgeschritten ist, wäre das – nun: nicht undenkbar gewesen, aber man konnte erleben, vor allem als Mann aus purer Höflichkeit mit Titeln angesprochen zu werden, die man nicht hatte. Frauen korrekt anzureden, war wesentlich einfacher. Sie waren in allen Situationen „gnä Frau", „Gnädigste", oder, wenn sie eindeutig zu jung war, um verheiratet zu sein, „gnä Fräulein".

Es gab jedoch – nein, das gibt es bis heute – das Phänomen der Titelübertragung vom Mann auf seine Ehefrau. Die Frau des Arztes wird mit „Frau Doktor" angesprochen und die Frau des Apothekers mit „Frau Magister", unabhängig davon, welchen akademischen Grad sie selbst hat oder nicht hat. Sogar Berufsbezeichnungen werden bisweilen auf diese Weise übertragen, sofern der Beruf als überdurchschnittlich angesehen gilt. Beispielsweise wird aus der Frau des Baumeisters die Frau Baumeister. Selbst habe ich erlebt, dass meine Mutter im Grätzel mit „Frau Hauptmann" angesprochen wurde, was ein – ich müsste jetzt nachzählen, wievielfacher Irrtum war. Tatsächlich war mein Vater Offizier, aber nicht beim Militär, sondern, ja, ich gebe es zu, für einen Österreicher ist es nicht zu erwarten, bei der Deutschen Handelsmarine. Was macht sich denn ein Binnenländer auch auf große Fahrt? Wenn ihm wenigstens die Donau genug gewesen wäre! Mussten es wirklich Atlantik und Nordsee sein? Seinen Offiziersrang übertrug man auf meine Mutter, aber im Glauben, er sei einer der nächstliegenden Offiziere, nämlich einer des österreichischen Bundesheers, mutierte er zum Hauptmann – wobei er eigentlich auch General sein hätte können. Jedenfalls war meine Mutter damit eine Frau Hauptmann (und eine verhinderte Frau General). Übrigens hatte sie selbst einen akademischen Grad, aber „Frau Diplom-Ingenieur" brachte kaum jemandem über die Lippen. Wozu auch, wenn sie doch ohnedies eine Frau Hauptmann war.

Irgendwie widerstrebte es dem Wiener (und widerstrebt ihm bisweilen bis heute), der Tatsache ins Auge zu blicken, dass der Kunde ein Fremder ist. Eine „Sie"-Anrede ohne irgendetwas dazu baut so eine unangenehm neutrale Distanz auf. Einen Titel als Anrede zu verwenden, selbst, wenn es ein naturgemäß mehr oder minder beliebiger Titel ist, signalisiert: Ich kenne Sie – obwohl das natürlich überhaupt nicht stimmt. Im besten Fall schuf oder, immer seltener, schafft eine solche Anrede eine angenehme Atmosphäre. Der Kunde fühlte sich geschmeichelt.

Dementsprechend hochgestochen musste die Anrede freilich ausfallen. Es gab schließlich jede Menge Hierarchien. Zum Beispiel stand in der Wahrnehmung der akademischen Grade ein Magister unter einem Doktor, ein Doktor unter einem Dozenten und ein Dozent unter einem Professor. Professor ist allerdings auch die Anrede für einen Mittelschullehrer, der jedoch vom akademischen Grad her ein Magister ist.

Nun stelle man sich das Malheur vor, ein Ober im Kaffeehaus hätte einen echten Professor mit „Herr Magister" angesprochen. Ein Weltuntergang durch Kometeneinschlag wäre ein verschmerzbarer Zwischenfall gewesen gegen solch einen Fauxpas. Wie schon Lady Montagu im 18. Jahrhundert festgestellt hatte: Leidenschaft zeigt der Hof nur in Fragen der Etikette. Sie hätte statt „Hof" auch „der Wiener" schreiben können. Ergo war die Sicherheits-Einheitsanrede vielfach „Herr Professor", unabhängig davon, ob der Kunde tatsächlich Professor (in der Mittelschule oder an der Universität) war oder Magister oder Schlosser oder Gärtner oder ob er sonst einem ehrenwerten Beruf nachgegangen oder in Pension gewesen ist. Um im Kaffeehaus „Herr Professor" zu sein, bedurfte es lediglich des männlichen Geschlechts und vielleicht des einen oder anderen grauen Haars. Ohne ein solches, also ohne ein graues Haar, war man doch eher ein „Herr Doktor". Mir selbst wurde mehrfach ein Doktorat zuerkannt. Als es dann einmal ein Herr Professor war, suchte ich im Spiegel, ob ich wirklich schon frühzeitig graue Haare bekäme. Solche Doktorrate bezeichne ich übrigens als Dr. h. caf., also als Doktor aus Kaffeehausgründen.

Ähnlich lief es mit Amtstiteln. Verkäufer, Kellner und Ober im Kaffeehaus verliehen sie zuhauf. „Herr Rat" oder „Herr Hofrat" war man schnell (die Frau blieb auch da „gnä Frau" oder „Gnädigste").

Seltener waren es Adelstitel, die verliehen wurden, denn solche sind in Österreich seit 1918 verboten. Führt man sie dennoch, kann man unter Umständen zu einer Geldbuße verurteilt werden. Der Paragraph 2 des Adelsaufhebungsgesetzes aus dem Jahr 1919 legt die Verwaltungsstrafe für das Führen eines Adelstitels mit „20.000 Kronen" oder „Arrest bis zu sechs Monaten" fest. Bis heute ist daran nichts geändert worden. Auch nicht die Höhe der Geldbuße. Nur umrechnen muss man sie. Dann kommt man auf 14 Cent. Oder der Herr Baron ziehen den Arrest vor im Fall von Zahlungsunfähigkeit.

Apropos Baron: Da fällt mir solch eine G'schicht ein, die zeigt, dass im Kaffeehaus die Adelstitel von Obers Gnaden fallweise doch auch heute noch verliehen werden. Eine Bekannte von mir ist zwar keine Adelige, heißt jedoch Baron. Dieser Familienname wird üblicherweise auf der ersten Silbe betont. Irgendwann reservierte sie in ihrem meistfrequentierten Kaffeehaus telefonisch einen Tisch „für Frau Báron". Beim Ober läuteten alle Alarmglocken. Der Akzent wanderte um eine Silbe nach hinten, und die korrekte Anrede der Frau des Baróns ist natürlich Barónin. Ich nahm also mit der Frau Barónin Kaffee und Kuchen ein. Ich fühlte mich mitgeadelt, obwohl ich es an diesem Tag nur zum „Herrn Rat" brachte.

Die Titelsucht kann freilich ganz böse nach hinten losgehen, wenn der Schmäh es will. In einer Zeitungsredaktion ist folgendes passiert: Eine eben erst angestellte Redakteurin war fachlich kompetenter als im zwischenmenschlichen Umgang. Sie war eine „Frau Doktor", wenn ich mich richtig erinnere, eine Juristin. Es war noch die Zeit vor der allgemeinen Computerisierung. Als Redakteur musste man für den Seitenentwurf mit den Setzern zusammenarbeiten. Wie in diesem Betrieb üblich, redete man einander auch dann nicht mit Titel an, wenn man einen hatte. Mit zwei Ausnahmen. Zur zweiten komme ich gleich. Die erste war jene Frau Dr. Werner[90].

Frau Dr. Werner also verlangte die Anrede mit „Frau Doktor". Obendrein war sie in hohem Maße rechthaberisch. Das kam beim Setzer Hans Slavik, der sein Metier bestens beherrschte und genau wusste, was möglich war und was nicht, ganz schlecht an. Bevor man jetzt vermuten könnte, Slavik sei so einfältig gewesen, wie er sich darstellte, sag' ich gleich: Das Gegenteil stimmte. Er entstammte der Arbeiterschicht, hatte massenhaft Volksbildungslehrgänge durchlaufen und war bei Veranstaltungen der Gewerkschaft auf dem Rednerpult gerne gesehen. Außerdem war er ein herzensguter Kerl. Aber er hatte seine Prinzipien, und Frau Dr. Werner lief so ungefähr allen diesen zuwider.

So kam es wieder einmal zu einem Disput zwischen den beiden, weil Frau Dr. Werner etwas Bestimmtes wollte, wovon Slavik wusste, es sei den Arbeitsaufwand nicht wert. Das artikulierte er unumwunden. Und der Titelversessenheit der Frau Doktor begegnete er mit Schmäh.

> *Slavik:* Des geht net, Frau Weana.
> *Dr. Werner:* Das muss gehen. Außerdem reden Sie mich bitte mit Frau Doktor an.
> *Slavik:* Wia ham s gsagt?
> *Dr. Werner:* Ich sagte: Reden Sie mich mit Frau Doktor an.
> *Slavik:* Von mia aus. Oisdann: Des geht net, Frau Studienrat.

Dr. Werner: Frau Doktor, gefälligst.

Slavik: Guat. Es geht owa no imma net, Frau Magista.

Dr. Werner: Herrgottnocheinmal, das kann doch nicht so schwer sein: Frau Doktor, bitte!

Slavik: Schaun's, i bin nua a aafocha Oaweita. I meak ma de Titeln so schwaa. Vazeihns, bittschön, Frau Prafessa.

Das genügte der Frau Dr. Werner. Schnurstracks marschierte sie zum Chefredakteur, der selbst ein brillanter Zeitungsmacher, aber ebenfalls kein Akademiker war, und verlangte, er möge Slavik verwarnen. „Das machen wir gleich", sagte der Chefredakteur, „kommen Sie bitte mit." Die beiden marschierten in die Setzerei, der Chef, so wurde es mir berichtet, lässig schlurfend, wie es seine Art war, die Frau Doktor hoch aufgerichtet mit militärisch exaktem Schritt. Ein paar Meter weiter, waren sie im Zimmer der Setzer angekommen. „Also", sagte der Chefredakteur zu Slavik, „ich hab' gehört, Du pflanzt[91] die Frau Werner, indem Du sie ständig mit falschen Titeln ansprichst. Stimmt das?"

Der Frau Doktor hätte die vertrauliche Du-Anrede des Chefredakteurs für den Setzer eine Warnung sein müssen und auch, dass der Chef von „der Frau Werner" sprach und nicht von „der Frau Dr. Werner". Jetzt wäre Zeit für einen geordneten Rückzug gewesen. Aber die Frau Doktor fühlte sich allzu sehr im Recht.

„Schau", sagte Slavik zum Chefradakteur, „sie wüü, dass i s mit iam akademischn Grad aured. Owa i kau ma den aafoch net meakn. Waaßt, mia hom do ka Übung, weu des do sunst kana valongt." Der Chefredakteur nickte bedächtig mit dem Kopf, dann wandte er sich an die Frau Dr.

Werner: „No ja, da hat der Hans nicht Unrecht. Man kann sich wirklich nicht jeden akademischen Grad merken. Lassen Sie es lieber auf sich beruhen …" – kurze Pause, dann: „Frau Medizinalrat."

Frau Dr. Werner kündigte ein paar Monate später wegen „menschlicher Differenzen". Der Schmäh war ihre Sache nicht, ganz eindeutig.

Damit zum zweiten Titelträger aus Überzeugung und noch einem Schmäh aus einer Zeitungsredaktion: Herbert Jungwirth war Dr. und Universitätsdozent, aber am stolzesten war er auf seinen Amtstitel Hofrat, und mit dem wollte er auch angesprochen werden. In der ganzen Redaktion hieß er nur „Der Herr Hofrat". Hofrat Universitätsdozent Doktor Herbert Jungwirth, um ihn einmal in der vollen Glorie seiner Titel erstrahlen zu lassen, war aufgrund mehrerer Einkommen und diverser Gelegenheitsarbeiten wie Redenschreiben und dergleichen, die ihm aufgrund seines Könnens und seiner Stellung zuwuchsen, finanziell bestens gestellt. Dennoch bejammerte er, wie hoch seine Steuern wären, was er alles abführen müsse, welche Ausgaben er habe, und überhaupt: Gar so hoch sei sein Einkommen ohnedies nicht. Kurz: Seiner Selbstwahrnehmung nach nagte er am Hungertuch. Dass er seine finanziellen Nöte unablässig sogar vor jenen Kollegen ausbreitete, die ein wesentlich geringeres Einkommen hatten als er selbst, ging allen gehörig auf die Nerven.

Die Post holte man sich im Sekretariat, wo sich ein großer Ordner für sie befand. Just neben diesem Ordner, an einer Stelle, die keiner übersehen konnte, stand nun eines Tages eine Geldsammelbüchse mit der Aufschrift „Für den notleidenden Herrn Hofrat". Jungwirths Geldprobleme waren ab diesem Tag kein Thema mehr. Wer die Büchse aufgestellt hat, ist nie herausgekommen. Zuzutrauen war es (beinahe) allen Mitarbeitern. Der Schmäh entfaltet bisweilen heilsame Wirkung.

Darf ich Ihnen gleich noch einen Schmäh aus einer Wiener Zeitungsredaktion erzählen? Die „Volksstimme" war das Blatt der KPÖ, der Kommunistischen Partei Österreichs. Zu ihrer Leserschaft gehörten, neben eingefleischten Kommunisten, auch viele ehemalige Widerstandskämpfer, die ihre antifaschistische Überzeugung in diesem Blatt am ehesten widergespiegelt fanden.

Wir sind ungefähr im Jahr 1950, vielleicht ein oder zwei Jahre früher oder später. Österreich ist aufgeteilt unter den vier Alliierten, und Wien ist geviertelt in eine amerikanische, eine sowjetische, eine britische und eine französische Zone. Die österreichische Politik ringt um einen Staatsvertrag und den Abzug der Truppen. Der Staatsvertrag wird dann am 15. Mai 1955 unterzeichnet, Ende Oktober oder Anfang November desselben Jahres verlässt der letzte ausländische Soldat das österreichische Gebiet, übrigens ein Brite, nicht, wie die Fama behauptet, ein Soldat der Roten Armee. Vergessen Sie bitte auch die Geschichte, der Staatsvertrag sei nur zustande gekommen, weil Leopold Figl die russischen Verhandlungsteilnehmer unter den Tisch getrunken habe. Der österreichische Außenminister war zweifellos trinkfest und hätte es mit den Russen aufnehmen können, aber die G'schicht ist der reine Schmäh.

Um 1950 zeichnet sich bereits die Sympathie des neuen Österreich für die westliche Demokratie ab – sehr zum

Leidwesen der Sowjetunion, die den Staat als West-Ost-Drehscheibe gerne unter ihrer Kontrolle gehabt hätte. Das lange Hinauszögern des Staatsvertrags durch die Sowjets dürfte damit zusammengehangen sein. Die Hoffnung hatte ein langes Siechtum vor ihrem Tod.

Verzeihen Sie mir die Abschweifung (Sie wissen schon, das gehört zum Schmähführen dazu), schon bin ich wieder bei der „Volksstimme". Die Kurzmeldungen wurden in diesem Blatt stets als letztes finalisiert, weil man an dieser Stelle weniger wichtige Aktualitäten unterbrachte, die mit zwei, drei Sätzen schnell zu formulieren waren. Man ließ aber bis zum Druckbeginn den Platz nicht einfach leer, sondern füllte ihn mit weniger interessanten Platzhaltern.

Fritz Lackner war der allererste Schmähführer der Redaktion. Lackner und sein Kollege Josef Rohrwasser waren enge Freunde, was sie nicht daran hinderte, einander ständig in den Haaren zu liegen. Dabei ging es immer um irgendwelche Kleinigkeiten, die freilich beiden weltbedeutend schienen.

Lackner und Rohrwasser hatten am Vortag einen solchen Streit um des Kaisers (oder wohl Stalins) Bart ausgefochten, den Rohrwasser für sich entschieden hatte. Lackner dachte: „Das zahle ich dir heim." Nun sah man Rohrwasser deutlich an, dem mit der immer besser werdenden Versorgungslage immer besser werdenden Essen kräftig zuzusprechen. Somit setzte Lackner kurz nach Arbeitsbeginn folgende Kurzmeldung in die Spalte: „Dank der uneigennützigen brüderlichen Hilfe der Sowjetunion ist die Versorgung mit Nahrungsmitteln in ganz Österreich weiter verbessert worden. Deshalb wird Josef Rohrwasser immer dicker." Er wusste, dass an diesem Tag Rohrwasser selbst die Seiten kontrollieren und für den Druck freigeben würde. Logischerweise würde er die Meldung früher oder später hinauswerfen.

Der Zeitpunkt des Druckbeginns rückte näher. Rohrwasser war in Eile, er hatte Karten fürs Theater und wollte sich zuvor zu Hause umziehen. Die anderen Artikel hatte er gegengelesen, die Meldungsspalte überflog er. „Dank der uneigennützigen brüderlichen Hilfe der Sowjetunion …", ja, passt, braucht man nicht weiterlesen, nächste Meldung, passt, nächste auch, „die Seite kann in Druck gehen." So erfuhren am nächsten Tag die Leser der „Volksstimme", dass Josef Rohrwassers Leibesumfang zugenommen habe.

Soweit der Schmäh – aber es war einer von jenen Schmähs, die sozusagen zu Selbstläufern werden, sie rennen weiter, und irgendwann sind sie kaum noch einzuholen. Im Prinzip wäre der öffentlich bekundete Leibesumfang Rohrwassers ein Kuriosum gewesen, ein Schmäh halt, mit dem man sich unterhält und den man schnell wieder vergisst. Doch sowohl kommunistische wie nicht-kommunistische Widerstandskämpfer waren gewohnt, ihre Vorhaben chiffriert mitzuteilen. „Uneigennützige brüderliche Hilfe der Sowjetunion" – das lasen sie als ersten Hinweis in Zusammenhang mit dem zweiten, jenem nämlich, dass Josef Rohrwasser immer dicker wird. Eine Chiffre, ganz klar. Nur: Wofür? Sollten die Genossen aus der Sowjetunion um brüderliche Hilfe bitten, die Macht in Österreich mit Gewalt an sich zu reißen, um das Land vor dem Imperialismus der USA zu bewahren? Kann sein. Aber wofür steht Josef Rohrwasser? Und was bedeutet, er wird immer dicker? Rohrwasser –

am Ende solle man den Umsturz von der Kanalisation aus beginnen. Oder Rohrwasser erteilt den Befehl zum Losschlagen, dann könnte „immer dicker werden" heißen, man möge sich um ihn sammeln.

Tagelang sollen die Anrufe in der Redaktion der „Volksstimme" eingegangen sein: Was denn mit der Meldung gemeint sei, wo der Treffpunkt sei und wo die Waffenausgabe, und ob der Zeitpunkt schon festgesetzt sei, zu dem man losschlagen würde.

Danach drifteten die Erzählungen auseinander. Ich habe zwei Varianten gehört. Der einen zufolge, beruhigte man die Anrufer und stellte den Fehler klar. Der anderen zufolge druckte man eine Kurzmeldung des Inhalts, die Meldung von der Gewichtszunahme Josef Rohrwassers sei irrtümlich ins Blatt gerutscht und bedeutungslos.

Sicher ist hingegen, dass die kleine Affäre die Freundschaft zwischen Lackner und Rohrwasser nicht getrübt hat.

Das nenne ich die Entropie des Schmähs. Da bedarf es keines Schmetterlingsflügelschlags in Thailand, um eine Flutkatastrophe in London auszulösen. Josef Rohrwassers Gewichtsprobleme waren es, die Österreich beinahe in den kommunistischen Umsturz geführt haben. Rohrwasser schnallt den Gürtel weiter, und schon weht über dem Parlament in Wien die rote Fahne mit Hammer und Sichel. Gerade noch einmal gutgegangen. Schmähohne.

Weil wir gerade beim Schmäh der Nachkriegszeit sind: Die Geschichte vom Hochstrahlbrunnen kennen Sie? Die muss ich Ihnen erzählen. Das ist sozusagen vorauseilender Schmäh. Ja, den gibt's auch in Wien. Wo sonst? Ein Schmäh, der bei der Entstehung der Sache gar keiner ist, aber einer wird. Verantwortlich dafür ist der Bauunternehmer Gustav Bruck – und er hatte ausnahmsweise wirklich keinen Schmäh im Sinn, sondern ein Denkmal aus Stein und Wasser. Bruck führte nämlich auf dem Schwarzenbergplatz den Hochstrahlbrunnen aus, mit dem die Fertigstellung der Ersten Wiener Hochquellenwasserleitung gefeiert wurde. Kaiser Franz Joseph höchstpersönlich nahm den Brunnen am 24. Oktober 1873 in Betrieb. Bitte merken Sie sich das Datum, das Jahr genügt.

Einundsiebzig Jahre und ein paar Monate später fasst die siegreiche Rote Armee den Beschluss, sich in Wien mit einem großen Heldendenkmal zu ehren. Was den Koordinator Major Michail Scheinfeld bewogen hat, ausgerechnet diesen Platz auszusuchen, wird niemand vernünftig beantworten können. Vielleicht ließ er sich vom Namen des Platzes verleiten, der nach Kriegsende in Stalin-Platz umbenannt worden war, vielleicht war es ihm ein Anliegen, das Denkmal in Sichtweite des Alliierten Rats zu positionieren, der im heutigen Haus der Industrie seinen Sitz hatte. Jedenfalls ließ er es auf dem Platz des Hochstrahlbrunnens errichten.

Um es so zu sagen: Der bronzene Soldat blickt siegreich über den Schwarzenbergplatz – aber nur, wenn ihm nicht die Fontäne des Hochstrahlbrunnens die Sicht versperrt. Umgekehrt verdeckt, steht man als Passant in der Sichtachse des Soldaten, die Wasserfontäne das Denkmal. Wie haben die Wiener das Denkmal für die ungeliebte Rote Armee versteckt? – Genau so! Sie haben einen Brunnen davor hingebaut.

Just so, eben als ein Fall von Schmäh, wird die Geschichte

in Wien erzählt. Nur ist der Schmäh da eben selbst ein Schmäh. Wobei ich mich langsam frage, ob Wien nicht so eine Art Stein des Schmähs ist, also alles in Schmäh verwandelt, was sich zum Schmäh eignet.

Intermezzo: Beim Altwarentandler

Bei einem Altwarentandler auf dem Flohmarkt hinter dem Naschmarkt.

- Das is eine schöne Tasche!
- Des glauw i, Gnädigste. De is um neunzehnhundat heagstööt, owa praktisch neuweatig. Des sengan S eh. Schaun S, wia fein des Leda gnaht is. De Schnoen is echtes Süwa, bunziat. Sogoa des Futta is no original. Des warat do wos fia Sie.
- Kostet?
- Büllich is net, des sog i Eana glei. Owa i loss wos noch, weu S ma imponiat, wos Sie fia an Kennablick hom. Sog ma siebzehnhundat.
- Viel zu viel. Fünfhundat.
- Nia in Leben. Schaun S, de Handtaschn is net nua a Handtaschn, des is a Handtaschn mit Geschichte.
- Tatsächlich?
- Schmähohne! Die hot da Schratt gheat, wissen's eh, dem Pantscherl von Kaiser.
- Na ja, ich häng net so an den Habsbuagan.
- Des is jo net ollas! De Schratt hod de Taschn daun da Annie Rosar gschenkt, da Fümschauspielarin.
- Aha. Ich hab die Annie Rosar nua ein paarmal g'sehn in Komödien. Hat mich nicht begeistert.
- Des is jo no goa nix. De Rosar hod de Taschn daun da Paula Wessely gschenkt, und de Paula Wessely daun da Gusti Woef.
- Ich steh nicht so auf die Wiener Volksschauspielerinnen. Wenn die Tasche wenigstens der Käthe Gold ghört hätt …

- Na sowas, da homs a Glick. Wea kennt heit no de Käthe
  Goed? Drum hob i des goa net gsogd. In Woaheid hod de
  Paula Wessely de Taschn da Käthe Goed gschenkt, und
  die Käthe Goed hot's daun da Gusti Woef weitagebn. De
  Taschn, de is … Burgtheatergeschichte!
- Die hat zwar Gold gheißn, aber ihre Tasche is net dar-
  aus. Außadem: Bisserl viele Vorbesitza füa a neuweatige
  Taschn, nicht? No, sag ma sechshundatfuffzig, sechshun-
  dat füa die Tasche, fuffzig für den Schmäh.
- Mochma, Gnädigste.

Theater mit Schmäh

Das muss ich Ihnen jetzt erzählen:

Der Nestroy hat lange Zeit in Österreich nichts gegolten. Gar nichts. Genau genommen ist die Wiederkehr des Johann Nepomuk Eduard Ambrosius Nestroy in die Literatur die Tat von Karl Kraus und noch mehr die von Hans Weigel. Ausgerechnet zwei Autoren und Kritiker, die nicht den Schmäh rennen ließen, sondern gegen ihn anrannten, holten den größten Schmähführer unter den Dramatikern auf die Bühne zurück. Schmähohne.

Obwohl – schauen Sie, der Schmäh entwickelt manchmal seine eigene Dramaturgie, seine eigenen Zusammenhänge. Es hat einen Autor gegeben noch vor Karl Kraus und vor Hans Weigel, der sich mit dem Nestroy intensiv befasst hat. Vinzenz Chiavacci hat er geheißen, und trotz seines italienischen Nachnamens war er ein echter Wiener, so echt wie ein Joseph Horváth oder ein Franz Nekvasil. Österreich war halt durch Jahrhunderte hindurch ein Vielvölkerstaat, und dessen Schmelztiegel war Wien. Chiavacci war der Sohn eines italienischen Pfeifenschnitzers, der seinem Handwerk in Wien nachgegangen ist. Ich bin sicher, man hat ihn, den Vater, noch als „Katzlmacher" bezeichnet. Der Sohn aber war Wiener – und wie!

Chiavacci nämlich war selbst ein großer Schmähführer vor dem Herrn, und was er geschrieben hat, war an Nestroy geschult: Das waren zwar keine Dramen, sondern Prosa-Humoresken, aber die Fähigkeit zur paradoxen Formulierung, die ihre Ungemütlichkeit unter einem breiten und freundlichen Lachen verbirgt, wie es nur der Schmäh kann, diese Fähigkeit hat der Chiavacci vom Nestroy gelernt. Obendrein hat der Chiavacci ein einzigartiges Ohr für den Wiener Dialekt und die Ausdrucksweise gehabt. Wenn man wissen will, wie in Wien von der zweiten Hälfte des 19. Jahrhunderts bis etwa zum ersten Weltkrieg geredet worden ist, dann liest man am besten ein paar Humoresken vom Chiavacci. Er hat obendrein den Adabei erfunden, einen Wichtigtuer, dem niemand irgendwas recht machen kann, und die Frau Sopherl, eine Bezirkstratschn, die übrigens für den Namen eines Lokals beim Wiener Naschmarkt Pate gestanden ist.

Doch Chiavaccis Pionierleistung in Sachen Nestroy hat wenig gebracht – außer, dass sie die Saat für Karl Kraus und dann vor allem für Hans Weigel war. Und der Weigel hat dann aus dem Nestroy wirklich etwas gemacht.

Das ist so gekommen: Die klassische österreichische Literatur ist arm an bedeutenden Theaterstücken. Fragen Sie mich nicht, warum. Vielleicht lag's am Publikum, das sich an den derben Volkspossen mit dem Hanswurst und seinem tiefen Schmäh eher ergötzte als an griechischen Göttern und römischen Helden und was man sonst noch in Jamben oder gar Alexandrinern auf die Bühne stellte als Klassiker, der was auf sich hielt. Die Stücke mit dem Hanswurst waren aufgehängt an einem dünnen roten Faden, der nur dazu diente, dem Wurschtl, wie er bald auf Wienerisch hieß, Gelegenheit für seine Extempores zu bieten. Der Schmäh des Wurschtls verlief prinzipiell weit unterhalb der Gürtellinie. Theater als moralische Bildungsanstalt? – Je nun, es war ein Traum von Maria Theresia. Aber dass Träume Schäume sind, musste die Erzherzogin von Österreich zumindest diesbezüglich bitter erfahren. Das literarische Drama bekam in Wien und im restlichen Österreich keinen Fuß auf die Bretter, die die Welt bedeuten.

Nur eine Ausnahme gab's: Franz Grillparzer. Der dauergrantelnde Beamte war gar kein so übler Autor. Aber er war halt ein ziemlicher Ja-Sager zur Obrigkeit. Na – was ist ihm denn anderes übriggeblieben? Hätte der Herr Hofrat vielleicht ein Revolutionsdrama verfassen und riskieren sollen, seine Pension zu verlieren? Seine ganze Dramatik ist auf Beruhigung ausgelegt. Die da oben werden es schon richten, auch, wenn es manchmal zu Tragödien kommt, scheint er zu sagen.

Nach 1945 hat man in Österreich fieberhaft nach einem Nationaldichter gesucht, um sich von großdeutschen Gedanken gerade durch das eigenständige kulturelle Leben zu trennen. Spezifisch österreichisch musste es zugehen in der Kultur, und das am besten seit Jahrhunderten. Der Grillparzer wär' gerade recht gekommen, denn in seinem Drama „König Ottokars Glück und Ende" hat er ein Loblied auf Österreich und den Österreicher gedichtet:

> „Er ist ein guter Herr, es ist ein gutes Land,
> wohl wert, dass sich ein Fürst sein unterwinde!
> Schaut rings umher, wohin der Blick sich wendet,
> Wo habt ihr dessengleichen schon gesehen?
> …

Von Lein und Safran gelb und blau gestickt,
von Blumen süß durchwürzt und edlem Kraut,
schweift es in breitgestreckten Tälern hin –
ein voller Blumenstrauß so weit es reicht,
vom Silberband der Donau rings umwunden!
Hebt sich's empor zu Hügeln voller Wein,
wo auf und auf die goldne Traube hängt
und schwellend reift in Gottes Sonnenglanze.
...
Drum ist der Österreicher froh und frank,
trägt seinen Fehl, trägt offen seine Freuden,
beneidet nicht, lässt lieber sich beneiden!
...
Allein, was not tut und was Gott gefällt,
der klare Blick, der offne, richt'ge Sinn,
da tritt der Österreicher hin vor jeden,
denkt sich sein Teil und lässt die anderen reden!
...

No, ist das nicht schön und erhaben? Wenn das als öster-
reicherverbindende Rede nicht passt! – Jo, eh, oh Lektorin
meines Vertrauens, es ist eh nicht schlecht. Hast Du schon
einmal „König Ottokars Glück und Ende" als Ganzes auf
der Bühne gesehen? Sag jetzt nicht „jo, eh" drauf ...

Als mittlerweile schmähgeeichter Leser wissen Sie längst,
dass „eh" einen massiven Zweifel an der behaupteten Tatsache ausdrückt. Es ist halt ein Unterschied, ob ein Autor
einen Monolog lang seinem Patriotismus freien Lauf lässt
und die Qualitäten von Österreich und den Österreichern
behauptet, oder ob er sie auf der Bühne zeigt. Und überhaupt sind die Grillparzer-Stücke gut geschrieben (jo, eh),
aber nicht alles, was gut geschrieben ist, ist bühnenwirk-

sam. Ein Shakespeare war er nicht, der Grillparzer, ein Goethe und ein Schiller auch nicht.

Da sind wir jetzt wieder beim Weigel (und ich hoffe, Sie merken die Anrede mit bestimmtem Artikel plus Nachname, ich weise Sie nur darauf hin, damit sie den Weigel gleich richtig einschätzen). Der Weigel war ganz und gar unglücklich mit Grillparzer als Nationaldichter. Der war für ihn so klassisch und vor allem so ganz und gar völlig verstaubt. Ein patriotischer Monolog, der in den Schul-Lesebüchern steht, ist nicht genug, um Nationaldichter zu sein. Hab ich Ihnen schon erzählt, dass der Weigel sein Geld als Theaterkritiker verdient hat? Ich sage Ihnen, der Weigel hat gefürchtet, er muss sich die Grillparzer-Stücke in Serie anschauen. In seinen ruhelosen Stunden des Albtraums hat er gefürchtet, die Theater spielen wirklich noch die „Sappho" und „Das goldene Vlies" und den „Traum ein Leben", und zwar nicht einmal, so quasi zum Ausprobieren, wie man es ja heute noch fallweise mit Grillparzer macht, sondern das ganze dramatische Werk steht auf den Spielplänen, hat der Weigel albgeträumt, und wenn man gerade das „Vlies" hinter sich gebracht hat, hat der Weigel albgeträumt, kommt „Die Ahnfrau", und kaum ist über ihr der Vorhang gefallen, hat der Weigel albgeträumt, hebt er sich über der „Jüdin von Toledo", hat der Weigel albgeträumt.

Ich bin mir gar nicht sicher, ob ich meine Behauptung zum Schmäh erklären soll. Lassen Sie sich das gesagt sein von jemandem, der einmal sein Geld als Musikkritiker verdient und als solcher innerhalb von drei Monaten vier Mal Ludwig van Beethovens „Eroica" gehört hat. Nichts gegen

Beethoven, nichts gegen die „Eroica", aber der Lateiner hat gewusst, warum er „variatio delectat" gesagt hat.

Der Weigel jedenfalls hat die Idee bekämpft, den Grillparzer gleichsam als Nationaldichter zu inthronisieren. Dass es zuwenig ist zu sagen: „Der nicht", das hat der Weigel natürlich genau gewusst. Um einen guten Vorschlag zu Fall zu bringen, ist es am wirksamsten, einen besseren Vorschlag zu machen. Und der bessere Vorschlag vom Weigel war der Nestroy.

Auf den ist der Weigel ganz bestimmt durch den Karl Kraus gekommen. Kraus hatte sich seinerzeit für Nestroy stark gemacht. „Nestroy ist der erste deutsche Satiriker, in dem sich die Sprache Gedanken macht über die Dinge. Er erlöst die Sprache vom Starrkrampf, und sie wirft ihm für jede Redensart einen Gedanken ab. Der satirische Künstler steht am Ende einer Entwicklung, die sich der Kunst versagt. Er ist ihr Produkt und ihr hoffnungsloses Gegenteil. Er organisiert die Flucht des Geistes vor der Menschheit, er ist die Rückwärtskonzentrierung. Nach ihm die Sintflut. In den fünfzig Jahren nach seinem Tode hat der Geist Nestroys Dinge erlebt, die ihn zum Weiterleben ermutigen. Er steht eingekeilt zwischen den Dickwänsten aller Berufe, hält Monologe und lacht metaphysisch", hat Kraus in seinem Essay „Nestroy und die Nachwelt" geschrieben.

Dass es dem Weigel nur um die Bearbeiter-Tantiemen und den Ruhm als höchste lebende Nestroy-Instanz gegangen ist, hat man ihm immer wieder unterstellt, aber ich denke nicht, dass er es wirklich nur auf Geld und Ansehen spitzte. Der Weigel hat an den Nestroy wirklich geglaubt, und dafür hat der Weigel schon seinen guten Grund gehabt.

Sogar allsommerliche Nestroy-Spiele in Maria Enzersdorf hat der Weigel im Jahr 1983 ins Leben gerufen, gemeinsam mit seiner damaligen Lebensgefährtin und späteren Frau, der Schauspielerin Elfriede Ott. In Maria Enzersdorf wollte er die Nestroy-Stücke so spielen, wie sie der Nestroy nach der Meinung vom Weigel gemeint hat. Und wo der Nestroy seine Stücke nicht so gemeint hat, wie der Weigel gemeint hat, dass er sie meinen hätte sollen, hat der Weigel halt ein paar Verbesserungen angebracht. Eine Verfälschung war das aber nicht, eher ein Spielbar-Machen für die heutige Zeit.

Aber jetzt kommt's: Der Weigel hat den Nestroy nicht als genialen Schmähführer gesehen, sondern als Aufrührer, als Widerständler gegen die Wiener Gemütlichkeit. Weil ja der Nestroy immer wieder mit der Zensur gehadert hat – und diese mit ihm. Sechs Tage Haft hat ihm das im Jahr 1836 eingetragen wegen „Extemporierens" – bei solchen spontanen Einfällen hat die Zensur vorher nicht zensurieren können. Irgendwie, hat sich der Weigel gedacht, bau' ich den Nestroy zu einem österreichischen Großdramatiker auf. Haben die Spanier, hat sich der Weigel gedacht, ihren Lope de Vega, haben die Franzosen ihren Jean Racine, haben die Briten ihren William Shakespeare, hat sich der Weigel gedacht, schenke ich Österreich, hat sich der Weigel gedacht, den Nestroy.

Ob der Nestroy jetzt wirklich der österreichische Großdramatiker ist, will ich nicht entscheiden. Hier geht's ja auch nicht um Theatergeschichte, hier gilt's dem Schmäh. Den hat er gehabt, der Nestroy. Und wie!

Ich meine: Aus nichts was machen, das muss einer können. Bei ihm gibt's keine Heroen und keine Prinzen und keine weiß die Thalia wie raffiniert ausgedachte Handlungen, sondern da stolpern ganz normale Leut' „wegen nix und wieder nix", wie man in Wien sagt, in G'schichten hinein, aus denen sie sich herauswurschteln wollen, nur, um immer tiefer in sie hineinzugeraten. Beim Aufschnüren des einen Knotens knüpfen sie einen anderen. Das ist Schmäh!

Den merkt man in der Sprache selbst noch mehr, und ich werde den Verdacht nicht los, dass es dem Nestroy in erster Linie darum gegangen ist. Schmäh ist die Würze des Sprechens. Das macht dem Nestroy keiner nach: „Armut ist ohne Zweifel das Schrecklichste, mir dürft' einer 10 Millionen hinlegen und sagen, ich soll arm sein dafür, ich nehmet's nicht[92]" oder die Antwort auf die Klage einer Frau, ihr Mann habe mehr Geld als Verstand: „Reich und dumm?! – Sie sind ja ein Glückskind!"[93] Oder: „Die Ehen werden im Himmel geschlossen, darum erfordert dieser Stand auch eine so überirdische Geduld."[94] Oder: „Wenn das Volk nur fressen kann! Wie s' den Speisenduft wittern, da erwacht die Esslust, und wie die erwacht, legen sich alle andern Leidenschaften schlafen; sie haben keinen Zorn, keine Rührung, keine Wut, keinen Gram, keine Lieb', keinen Hass, nicht einmal eine Seel' haben s'. Nichts haben's, als einen Appetit."[95]

So, ich muss jetzt aufhören, Nestroy-Bonmots zu zitieren, ein ganzes Buch könnte man nämlich füllen mit denen. Aber merken Sie das grantige Hintergrundrauschen von den Aussprüchen? Er war halt schon ein Grantscherben[96], der Nestroy. Im „Titus Feuerfuchs" verbindet er in einem Couplet Schmäh und Grant, wie nur er das gekonnt hat.

's kommt Ein'm Einer in's Zimmer, Man fragt, was er will?
„Ich bitt' um Unterstützung, hab' Unglück g'habt viel;
Such' Beschäftigung, doch 's is alles b'setzt überall,
Ich bin kränklich, war jetzt erst zehn Woch'n im Spital!"
Dabei riecht er von Branntwein in aller Fruh'–
Na, da hab' ich schon g'nur, na, da hab' ich schon g'nur!
„Ich geh' zum Theater!" hat mir einer g'sagt.
„Als was woll'n S' denn 's erstemal spiel'n?" hab' i g'fragt.
„Ich spiel' gleich den Hamlet, denn ich bin ein Genie.
Gib dann den Don Carlos als zweites Debut.
So wie ich hab'n sie kein' in der Burg, gar ka' Spur!"
Na, da hab' ich schon g'nur, na, da hab' ich schon g'nur![97]

Erst der Schmäh, ob vorgebliche Krankengeschichte oder schauspielerische Begabung, dann der Grant: „Na, da hab' ich schon g'nur." Hat den Nestroy am Ende der Schmäh grantig gemacht? – Wenn er ihn selber führen hat können, bestimmt nicht. Im „Mädl aus der Vorstadt" legt er ihn der Frau von Erbsenstein in den Mund, die erzählt, wie man es als Frau mit den Männern macht:

Wir sind vorsichtig, wenn sich ein Liebhaber zeigt,
Und verbergen ihm's langmächtig, dass wir ihm geneigt;
Wir sein vorsichtig vor dem entscheidenden Schritt
Und erkundigen uns genau um sein' Konduite;
Wir frag'n vorsichtig nach, dort und da in der Stadt,
Ob er Liebschaften, Schuld'n od'r ein' Dusel oft hat.
Da erfahrt m'r allerhand und sagt: „Freund, es is nix!" –
„Ha!" schreit er, „du magst mich nicht? – Gut, augenblicks
Schieß' ich mir drei Kugeln in d' Herzgrub'n hinein!" –
Was bleibt ein' da übrig als nachsichtig sein?[98]

So ein Schlawiner aber auch! Nicht eine, gleich drei Kugeln will er sich verpassen. Wie er das mit seinem Vorderlader machen will, weiß er selber nicht. Aber er führt ja sowieso nur Schmäh. Und sie – als ob sie's nicht wüsste. Der Nestroy meint, sie sei ihm dann so quasi ans Herz gesunken. Ich glaub's ihm ja eh. Ich mein' nur, sie hat vorher gefragt: Im Ernst? Und er darauf gesagt:

Schmähohne.

Ein letzter Schmäh

Die Gäste sind gegangen, die Tische abgeräumt. Das fällt mir erst jetzt auf, als der Ober das Licht herunterdreht. So macht er sanft auf die Sperrstunde aufmerksam. Ich schaue auf die Uhr, die dort über der Eingangstür hängt, die große Uhr mit dem fleckigen Ziffernblatt und dem Minutenzeiger, dem die Spitze fehlt. Die ganze Zeit über habe ich sie nicht beachtet. „Ist es wirklich schon so spät?" Ich stelle das mehr fest, als dass ich es frage. Mein Gegenüber nickt. „Beim Plaudern …", sage ich. Er räuspert sich vernehmlich. „Beim Schmähführen", verbessert er mich, „und g'rennt ist er, der Schmäh, nicht wahr?" Mein Gegenüber winkt dem Ober: „Zahlen bitte!", sagt er laut. Schon tritt der Ober neben den Tisch. Sicherlich hat er uns aus den Augenwinkeln beobachtet. „Wann gehen die endlich", wird er sich gedacht haben, „einmal vielleicht fünf Minuten früher Schluss machen", wird er sich gedacht haben, „oder wenigstens pünktlich." Darum ist er jetzt schnell, auf ein Mal. Er will die Abrechnung machen, dann ab nach Hause. „Zusammen, Herr Professor?", fragt er mein Gegenüber. Mein Gegenüber nickt, ehe ich etwas einwenden kann. Der Ober stellt vor ihn das kleine Silbertablett mit dem Rechnungsbeleg darauf. „Wissen's", sagt er zum Ober, „Sie ham mich noch nie mit ‚Herr Baron' angredt. Schad eigentlich, ich warat nämlich recht gern ein Baron. Ich weiß, die Adelstitel san passé, aber so unter uns …" „Ich werd's mir merken, Herr Professor", sagt der Ober. Mein Gegenüber schaut auf die Rechnung, kramt seine Geldbörse hervor, legt einen Geldschein auf das kleine Silbertablett und ein paar Münzen. „Rest für Sie." „Danke, Herr Professor", sagt der Ober. „Ham S morgen frei?", fragt ihn mein Gegenüber. „Ja", antwortet der Ober, „morgen ist der Herr Martin zuständig." „Aha, das strenge Auge des Kaffeehauses", sagt mein Gegenüber, und zu mir: „Der war nämlich drauf und dran, Polizist zu werden, aber dann ist er lieber Ober geworden. Liebe am Arbeitsplatz, Sie verstehen?" „Stimmt genau", sagt der Ober, ohne sich eine Gefühlsregung anmerken zu lassen, „danke nochmal, schönen Abend, Herr Professor." Er trägt in eiliger Würde das kleine Silbertablett mit dem Geld hin zur Kassa. „Wieder kein Baron", seufzt mein Gegenüber, „und so gern wär' ich einmal Herr Baron." „Sind Sie Baron?", frage ich, „also, ich meine: Wenn es noch Adelstitel gäbe, wären Sie dann einer?" „Grad so wie ein Professor", sagt mein Gegenüber, „einmal das eine, einmal das andere, einmal Herr Kommerzialrat, einmal Herr Hofrat, einmal Herr Doktor und einmal Herr Professor, aber noch nie Herr Baron." „Professor passt doch auch", sage ich, „Professor in Sachen Schmäh." „Wissen Sie eigentlich", sagt mein Gegenüber, „dass Professor genau genommen heißt: Einer, der offen etwas bekennt? Wie Sie das sagen, heißt das: Ich bekenne mich offen zum Schmähführen." „Passt doch", sage ich und quetsche mich hervor hinter dem Tisch. „Da schau", sagt er und erhebt sich, „ein letzter Schmäh. Für heute. Schmähgführt hamma, schmähgführt über den Schmäh. Und der

Schmäh is' g'rennt." „Und wie", sage ich. „Das soll uns einer nachmachen", sagt der Herr Professor, der so gerne ein Baron wäre und morgen oder übermorgen wieder nur Herr Professor sein wird oder Herr Hofrat oder Herr Kommerzialrat. „Und wenn wir uns wieder treffen", sagt er, „also beim nächsten Mal, da muss ich Ihnen was erzählen …"

Er gibt mir die Hand, ich schüttle sie, wir schlendern Richtung Ausgang.

„Schmähohne?"

ANMERKUNGEN

1 Teil eines Bezirks, nicht amtlich festgelegt, sondern gefühlt, meist um einen individuell markanten Punkt wie einen Platz oder ein besonderes Bauwerk oder eine markante Straße.

2 zu sehr eilen

3 2017 hat der neue ÖVP-Vorsitzende Sebastian Kurz die Partei neu formiert und als Fraktionsfarbe Türkis gewählt.

4 Als Bassena bezeichnet man in Wien die öffentliche Wasserstelle am Gang eines Mietshauses. Auch nachdem das Fließwasser längst in die Wohnungen eingeleitet und die Bassena trockengelegt war, blieb die Wasserstelle aus Gusseisen ein mehr oder minder zufälliger Treffpunkt für die Mieter. In dieser Umgebung lief zum Wasser dazu der Schmäh.

5 AKH steht für Allgemeines Krankenhaus der Stadt Wien; es ist das größte Krankenhaus Österreichs und beherbergt obendrein die Medizinische Fakultät der Universität Wien.

6 10 Deka sind in nicht österreichischen Gefilden 100 Gramm. Deka ist die Abkürzung für Dekagramm, ein Dekagramm hat zehn Gramm.

7 Mit „schauen Sie", oder, wenn man per du ist, „schau", kann man einen Schmäh trefflich einleiten. Auch die Floskel „Was soll ich Ihnen/dir sagen?" ist bestens geeignet.

8 Soll heißen: Wenn bei einer (Frau) jeder Charme verfängt, und sei er noch so schmierig.

9 Sie erinnern sich, dass „schmähohne" auch als Bestätigung eines Schmähs Verwendung findet? – Na bitte!

10 ein brotartiges Fladengebäck aus einer alten Gerstenart

11 Zur römischen Provinz Pannonia gehörten u.a. das heutige Burgenland, das Wiener Becken und die Oststeiermark.

12 Weinhauer, Weinbauer, Winzer

13 klebrig

14 Hühnerkeule, auch Hühnerflügel

15 Fleischlaibchen

16 kleingehackter geräucherter Speck mit Schweineschmalz zu einem Aufstrich vermischt, gewürzt mit Zwiebel, Knoblauch, Salz und Pfeffer

17 pikant, wohlschmeckend

18 Wienerlied, Text von Albin Ronnert (1894-1970), Musik von Hans Lang (1908 – 1992)

19 Pflaumenmus mit Zucker, Zimt und Rum

20 kleiner Lebensmittelhändler

21 primitiver Schmäh, oft zotig

22 Wirt

23 ein dem Alkohol zugetaner Mensch

24 Freundin

25 In „Zwei Gesichter. Begegnungen mit Josef Weinheber." In: Josef Weinheber (1892–1945). Ausstellungskatalog. St. Pölten 1992

26 Ziehharmonika und Es-Klarinette, zwei Instrumente der Heurigenmusik

27 Bahöl, abgeleitet vom mittelhochdeutschen „behellen", hell tönen; Bahöö = Wirbel, Krach, Aufregung, Stunk

28 Sich dem Halbschlaf hingeben mit der Tendenz, munter zu werden.

29 Gedichte aus Breitensee

30 sich mit jemandem zusammentun

31 Die Freyung ist ein Platz im Ersten Wiener Gemeindebezirk.

32 Politisch korrekt wäre Inuit-Dichter, doch das würde die Geschichte der zeitbezogenen Würze berauben, zumal Kobuk wörtlich als „Eskimo-Dichter" bezeichnet wurde.

33 klaute

34 Druckfehler, „Kolchoz" war gemeint.

35 Das Gänsehäufl ist eine Sandinsel in der Alten Donau. Ursprünglich tatsächlich zur Gänsezucht genützt, dient es seit 1900 als Strandbad, zuerst privat betrieben, seit 1907 ist es das „Strandbad der Commune Wien am Gänsehäufel" und bis heute das bekannteste Freibad Wiens.

36 Strolch, Gauner

37 Verbrecher

38 umgerechnet mehr als 4,6 Millionen Euro

39 Haberer = Kumpel, Gefährte

40 Von Französisch „pompes funèbres" (Begräbnis, eigentlich: Begräbnisfeierlichkeiten). Der Wiener Pompfüneberer, gesprochen ohne das zweite „p", ist der Bedienstete der Leichenbestattung.

41 Brüderlein, komm.

42 sprachlos, mit der Weisheit am Ende

43 Särge

44 zuzeln = lispeln

45 ein Schnäppchen

46 Jemanden überlisten – aber nicht bösartig, eher mit Charme überreden, indem man auf das Gegenüber eingeht.

47 Augen

48 missmutig verzogenes Gesicht

49 Lenkstange

50 „Höre, du kaputtgegangener Wirrwarr-Bruder."

51 jemandem das Wilde abräumen; wörtl. nicht sinnvoll übersetzbar, bedeutet: jemandem deutlich die Meinung sagen

52 Du Einsertrottel, du angeschütteter, so einer wie du gehört noch einmal in die Baumschule, du Batzenrübenanton.

53 für die Würste sein = nichts bringen, sinnlos sein

54 Diese außer Dienst gestellte WC-Bürste hält sich für die Gräfin Esterházy.

55 Dem haben sie derart ins Hirn geschissen, dass er mit dem Vogelkäfig die Milch holt.

56 Der beleibte Frömmler steht so aufrecht wie eine geschmolzene Wachsfigur.

57 Die verlogene Kaulquappe (= unsympathische Frau) fällt im Liegen noch um.

58 Wenn dieser arg Verwirrte (Klamsch = geistiger Schaden; sozusagen ein Ritter des zu kurz gekommenen Verstandes) eine Fliege schluckt, hat er mehr Hirn im Bauch als im Kopf.

59 Dir schmierigem Schmähbruder werde ich gleich die Waden nach vorne drehen.

60 Höre, du Arschkletze (Kletze = getrocknete Birne; der ganze Ausdruck steht für eine Person, die einem extrem auf die Nerven geht), hau dich

(= lege dich) in den Holzpyjama (= Sarg; der ganze Ausdruck bedeutet: stirb), denn wenn du es nicht selbst machst, helfe ich dir dabei.

61 (D)er ist halt ein Gewohnheitstrinker, (d)er hat sich den Kopf (= das Hirn) (blatt-)weich getrunken.

62 Ein leerer Sack steht nicht, bedeutet: Nur mit vollem Magen kann man moralisch sein; oder, wie Bertolt Brecht es in der „Dreigroschenoper" ausdrückte: „Erst kommt das Fressen, dann die Moral."

63 Einmal der eine, einmal der andere.

64 Xiberger (unübersetzbar)

65 Steinsteirer (unübersetzbar)

66 aufganseln = aufstacheln

67 Ziegeltschechen; Bed.: tschechische Arbeiter in den Ziegelwerken

68 Beutel (Bed. Penis)

69 Hemdspreizer (Bed. Wie oben)

70 Kätzchen

71 Das ist eine Flatulenz im Wald, Bed.: eine völlig uninteressante Angelegenheit

72 Spring in den Schlamm, Bed.: Lass mich in Ruhe; bekannt geworden durch ein Lied des Austro-Pop-Sängers Georg Danzer.

73 Ich bin nicht auf der Nudelsuppe dahergeschwommen, Bed.: Ich bin nicht blöde.

74 … eine Gosche (= Mund / Maul) anhängt

75 Gfrett = Ärger, Mühe, Problem

76 „Meine Mutter war eine Wienerin", bekanntes Wienerlied von Ludwig Gruber (1874 – 1964 Ottakring, jetzt Stadtteil von Wien), der ein österreichischer Komponist, Sänger, Schriftsteller, Dirigent und Theaterdirektor war. Er schrieb neben rund 1000 Liedern in verschiedenen Genres auch die Oper „Aschermittwoch".

77 Karl Hodina (1935 – 2017, Wien) war Musiker und Maler. Als Maler war er Autodidakt und gehörte zur „Wiener Schule des Phantastischen Realismus"; als Musiker begann er im Bereich des Jazz, ehe er ab 1970 begann, das echte alte Wienerlied zu erforschen und aufzuführen. Er war einer der Initiatoren des Wienerlied-Festivals „wean hean". Hodina gab unter dem Titel „O du lieber Augustin" eine Sammlung Wienerlieder heraus; er selbst komponierte „Herrgott aus Sta" (Herrgott aus Stein), eines der bekanntesten neuen Wienerlieder.

79 Johann Schrammel (22. Mai 1850, Neulerchenfeld/Wien – 17. Juni 1893 in Wien) und sein Bruder Josef Schrammel (3. März 1852, Ottakring, heute Wien – 24. November 1895, Wien-Hernals) waren Söhne des Klarinettisten Kaspar Schrammel (6. Jänner 1811, Litschau/Niederösterreich – 20. Dezember 1895, Langenzersdorf), der auf dörflichen Festen aufspielte und ein Ensemble gründete, mit dem er in Gasthäusern aufspielte. Beide Söhne waren klassisch ausgebildete Geiger, verschrieben sich aber der Heurigenmusik. Die typische Besetzung der Schrammelmusik, die auch dem Wienerlied seinen besonderen Klang verleiht, sind zwei Geigen, Kontragitarre und G-Klarinette („picksüßes Hölzl" genannt). Später kommt eine Knopfharmonika hinzu.

79 einen Grund geben zu erschrecken

80 „unsanft hinausgeworfen wirst du sowieso"

81 ausgelassene Festlichkeit

82 schmähstad = mit dem Latein am Ende sein

83 schöne Augen machen

84 anschmachten = Verehrung bekunden

85 gut kleiden, um beim Rendezvous Eindruck zu schinden

86 (hin-)eindrehen = jem. bezirzen

87 einweinperln (vielleicht von: [damals teure] Weintrauben schenken) = einschmeicheln

88 Nähe suchen, sich anlehnen

89 bodenständiger Mensch

90 Dies sind zwei Schlüsselgeschichten. Die Namen sind zwar geändert, doch wer sich erkennt, ist gemeint.

91 pflanzen = aufziehen, ärgern, triezen

92 „Der Zerrissene", 1. Akt, 5. Szene

93 „Frühere Verhältnisse", 4. Szene

94 „Einen Jux will er sich machen", 2. Akt, 7. Szene

95 „Weder Lorbeerbaum noch Bettelstab", 2. Akt, 20. Szene

96 Griesgram

97 „Der Talisman", 3. Akt, 16. Szene

98 „Das Mädel aus der Vorstadt", 1. Akt, 13. Szene

Literaturverzeichnis

Abraham a Santa Clara: Hui und Pfui der Welt: Heilsames Gemisch-Gemasch aus Predigten und Schriften. Manesse Verlag, Zürich/München 2013

Peter Ahorner: Wiener Wörterbuch. Verlag Carl Ueberreuter, Wien 2014

H. C. Artmann: med ana schwoazzn dintn. gedichta r aus bradnsee. Otto Müller Verlag, Salzburg 1958

Ders.: der aeronautische sindtbart. Residenz Verlag, Salzburg 1972

Moritz Bermann: Sagen und Geschichten aus der Kaiserstadt Wien. Loewes Verlag Ferdinand Carl, Stuttgart o. J. (ca. 1905)

Gerhard Bronner: Spiegel vorm Gesicht. Erinnerungen. DVA, München 2004

Vinzenz Chiavacci: G'schichten aus Alt-Wien. Amalthea Verlag, Wien, Leipzig und Zürich, 1973

Franz Grillparzer: König Ottokars Glück und Ende. Philipp Reclam jun. Verlag GmbH, Stuttgart 1986

Jürgen Hein (Hg.): Wienerlieder. Philipp Reclam jun. Verlag GmbH, Stuttgart 2010

Ernst Kein: Wiener Grottenbahn. Jugend und Volk, Wien und München 1972

Ders.: Weana Schbrüch. Residenz Verlag, Salzburg und Wien 1990

Karl Kraus: Grimassen – Aufsätze 1902-1914. Verlag Volk und Welt, Berlin 1971

Eduard Kremser (Hg.): Wiener Lieder und Tänze, Band 2. Verlag Gerlach & Wiedling, Wien und Leipzig 1913

Georg Kreisler: Die Zukunft wie sie war. Atrium Verlag, Zürich 2013

Ders.: Die alten bösen Lieder. Ein Erinnerungsbuch mit Liedertexten. Ueberreuter, Wien 1989 (lt. Verlag ist die Auflage durch einen Wasserschaden zerstört worden); gekürzte und überarbeitete Neuauflage: kip, Dinslaken 1997

Rudi Palla: Verschwundene Arbeit. Christian Brandstätter Verlag, Wien 2014

Alois Pischinger (Hg): Sagen aus Österreich. Verlag Carl Ueberreuter, Wien 1948

Robert Sedlaczek: Wörterbuch des Wienerischen. Haymon, Innsbruck-Wien 2011

Ders.: Das österreichische Deutsch. Wie wir uns von unserem großen Nachbarn unterscheiden. Ein illustriertes Handbuch. Verlag Carl Ueberreuter, Wien 2004

Julia Sobieszek: Zum Lachen in den Keller. Der Simpl von 1912 bis heute. Amalthea, Wien 2007

Wolfgang Teuschl: Wiener Dialekt Lexikon. Residenz Verlag, St. Pölten-Salzburg 2007

Peter Wehle: Sprechen Sie Wienerisch. Verlag Carl Ueberreuter, Wien 2012